KB067462

민중 목회의 길

민중 목회의 길

김성복 편저

동연

발간사

샘터교회 40주년을 맞이하여 샘터교회 40년사를 발간하려 했으나 30년사를 이미 발간하였으니 50년사를 발간하면 어떻겠느냐는 의견이 많아 훗날을 기약하기로 하고, 저의 샘터교회 목회 36년과 그 후 4년을 묶어서 『민중 목회의 길』을 발간하게 되었습니다.

여기서 민중 목회라는 것은 민중교회를 전제로 합니다. 교회가 있어야 목회가 있는 것이지요. 이 민중교회는 이 책에 수록된 "인천지역 민중교회 운동사"에서 볼 수 있듯이 작은 교회라고 불리고 민족교회라고 불리기도 하고 노동 교회, 농민 교회, 빈민 교회라고 불리기도 했습니다.

그런데 저희가 선택한 것은 민중교회였습니다. 그 역사적 · 시대적 요청에 부응하는 교회였던 것이지요. 특별히 민중신학에 많은 영향을 받았습니다. 서남동 교수의 민중신학, 문익환, 안병무, 김찬국, 서광선, 문동환 교수님에게서 많은 영향을 받았습니다. 그 신학적 주제는 성서의 가난한 사람들에 대한 관심에서 출발했습니다. 가난한 사람들은 어느 시대에나 있었습니다. 그중에 특별히 신자유주의의 세계 자본에 의한 잔인하고도 가혹한 착취에 대응하는 민중을 발견하게 된 것입니다.

저는 역사 속에서 민중을, 특별히 인간을 억압하는 그 모든 구조와 현상에 저항하는 이들을 민중으로 보고 싶습니다. 우리나라 근대사에서는 탐관오리의 착취와 외세의 수탈에 저항하여 일어난 동학농민들이 민중의 본을 보였다고 생각합니다. 민중은 역사적으로 존재했던 실체입니다.

3.1 운동에서 들고 일어났던 이 땅의 민초들, 그들도 민중이었습니다. 역사의 주인으로 당당히 나섰던 민중을 우리는 기억합니다. 4.19 혁명과 민주주의를 위해 항쟁을 벌인 5.18 민주화운동, 1987년 6월항쟁과 촛불혁명을 이루어나간 주체들 역시 민중이었습니다. 이 민중을 발견하고 민중과 함께 역사의 주인으로 나서는 교회가 민중교회였고, 그 교회를 목회하는 것이 민중 목회라 말할 수 있겠습니다.

최근 뉴스에서 촛불교회라는 것을 보았습니다. 그들은 세월호 희생자 유가족을 돌보고 이태원 참사 유가족을 위로하는 기도회를 열고 있습니다. 그 역사 현장에 참여하는 촛불교회야말로 민중교회의 결정판입니다. 따라서 촛불 목회라고 하는 것이 있다고 한다면 그것이 바로 이 책의 제목이 될 수도 있겠습니다. 민중교회 민중 목회, 촛불교회 촛불 목회!

그런데 민중 목회를 하면서 직면해야 했던 것은 민중 목회에 대한 거부, 즉 민중 목회에 대한 반발이 있었다는 것입니다. 현실적으로 존재하고 있었던 것입니다. 이러한 것들을 어떻게 극복해나가느냐? 왕도는 없습니다. 무수한 시행착오를 거쳐 겨우 오솔길 하나를 열었을 뿐입니다. 거듭 말하지만 민중 목회의 유일한 답은 없습니다. 역사 현장을 외면하지 아니하고 그 현장을 직시하면서 뚜벅뚜벅 걸어가는 목회야말로 하나님이 쓰시는 이 시대의 예언자적 목회이며 그 발자취입니다.

이 땅에 가장 고통받는 사람들이 있는 곳, 그곳을 외면하지 아니하고 찾아가는 용기야말로 민중 목회의 출발점이라고 말할 수 있겠습니다.

민중 목회의 길! 그 길은 특별한 길이 아닙니다. 요즘 시대의 아픔을 나의 아픔으로 받아들이며 목회하는 삶을 말합니다. 이 땅의 고통받는 사람들과 함께 생활하며 그들을 역사의 주체로 세워나가는 것입니다.

그리고 감리교회 선배들인 김동완, 김정택, 정명기 목사님이 저의 가는 길에 많은 영향을 주었습니다. 그중에 인천민중교회운동연합을 같이 하였던 김달성 목사님이 있습니다. 그는 요즘 외국인 근로자들에게 관심을 쏟고 있습니다. 내부 식민지라고 하는 독특한 관점에서 외국인 근로자들을 보고, 오늘의 억압과 비참함을 외면하지 아니하고 관심을 환기하는 것입니다(그의 삶에 축복이 있어라. 이 땅에 고통받는 외국인 근로자들에게 축복이 있으라!).

평생을 농민과 함께한 선배 목사님들도 있습니다. 그분들 중에 한 분이 홍천에 있는 한서감리교회를 담임 목회한 현재호 목사님입니다. 그분의 페이스북 글을 이곳에 인용합니다.

> 그런 점에서, 교회야말로 문제가 많은 게 사실이다. 예수는 이를 정확하게 이해하고 일깨우는 가운데 이를 위하여 온 마음과 힘을 다해 싸운 실천적 사회운동가다. 그 길이 거룩한 길이고 구원의 길이고 생명의 길인 십자가의 길이라는 것을 분명히 했다.
> 하나님은 기도하는 이나 그렇지 않거나 구별하지 않으시는 것 같다. 모든 이에게 모든 가능성과 모든 기회를 주신 게 아닐까 한다. 불교 가정에서 태어나기 전부터 불공을 드린 어머니는 내가 목사가 되어서도 절에 이름을 올렸다. 그런 나는 기도보다는 예수님을 통해서 말씀하신 대로, 진리 안에 거하고자 하는 마음으로 살고자 할 때 그 길이 생명의 길이 되고. 구원의 길이 되는 것이라 믿는다. 예수님은 씻겨주는 물세례가 아니라 사람을 사람답게 세

위주는 성령세례를 주셨다. 성령세례는 위에서 내려오는 비상한 체험이 아니다, 예수님이 말씀하시고 사신 삶 그 자체다. 이를 믿고 믿음으로 사는 삶으로 얻는 경건이고 거룩함이다. 성화의 길을 가는 것이다.

현 목사님은 농민으로 살았던 농민 목사입니다. 그는 제가 은퇴 후 양평 예림영성원에서 농사일을 배우고 있을 때 무궁화나무 열 그루를 가지고 와서 선물로 주면서 격려해 주셨습니다. 저희 인생의 마지막을 농촌에서 대마 농사를 하며 의료용 대마의 합법화를 위해서 일할 수 있게 된 것을 하나님께 감사드립니다.

교회에 있어서 중요한 것은 예배를 드리는 것이지요. 민중교회도 예배 중심의 교회가 될 수밖에 없습니다. 예배는 꼭 드려야 합니다. 그 예배 중에 성찬식을 꼭 거행해야 합니다. 설교와 성찬식 이 두 가지가 서로 얽혀 있어서 동시에 중요한 것입니다.

이 본문을 위해서 성서일과(Lectionary)를 사용했습니다. 예배를 위해서 절기를 받아들이게 되었습니다. 대림절, 성탄절, 주현절, 사순절, 부활절, 성령강림절 그리고 왕국절, 창조절 등을 받아들였습니다. 그리고 예배 설교에 있어서는 서론-본론-결론의 삼단논법을 사용하기보다 기승전결의 사단 논법을 즐겨 사용하였습니다. 기승전결 논법의 포인트는 '전'에 있습니다. 반전을 이루는 것입니다. 역설적인 것이라고 볼 수 있죠.

4년 전, 저의 은퇴식에서 요즘 은퇴의 주된 관심사는 어떤 목회를 지향하면서 행하였는가가 아니라, 기승전 '돈'이라는 것을 솔직히 말하며 오늘의 세태를 우려하였던 기억이 납니다. 기승전 결론은 돈입니다. 모든 것이 다 금덩어리로 귀착된다는 것이지요. 은퇴를 할 때도 얼마나 많은 퇴직금과 전별금을 받느냐, 거기에 향후 어떤 대우를 받는가를 토대로 목회를 평가하고 있음을 말하는 것입니다.

저는 우리 교회 이세구 장로님이 취임할 때 축사에서 기승전 '땅', 기승전 '지'를 말했습니다. 결론은 땅을 누가 차지하느냐입니다. 성경은 말합니다. "온유한 자는 복이 있나니 그들이 땅을 기업으로 받을 것임이요(마 5:5). 포악한 세력은 잠시 승리하는 것처럼 보이지만 결국 물러갈 것이고 따뜻하고 부드러운 사람들이 땅을 차지하게 될 것입니다. 이 말씀을 믿는 사람들은 평화를 추구합니다. 전쟁이 아닌 평화를 추구합니다.

오늘은 제가 여러분에게 강조하고 싶은 것은 기승전 '몸'입니다. 특히 초고령사회로 진입한 우리 시대에서 필요한 것은 '몸'입니다. 부모로부터 자본을 물려받지 못한 이들은 몸뚱이가 유일한 자산입니다. 하나밖에 없는 몸을 움직여 경제생활을 운영할 수 있어야 합니다.

몸은 내가 부모로부터 받아옵니다. 우리의 키가 작다고 부모님을 탓하는 사람들은 이 시간에 회개하십시오. 부모님은 낳아주신 것만으로도 고마운 분들입니다. 낳아주시지 않았다면 세상을 구경할 수 있었겠습니까? 감사합시다. 입이 크다고, 코가 낮다고, 턱이 나왔다고 부모님을 원망하는 사람이 있습니까? 성형외과를 드나들며 이곳저곳을 뜯어고치는 성형중독에 걸린 이가 있습니까? 이 시간에 진실로 회개하십시오. 다른 사람과 비교해서 불평불만 하지 마십시오. 그럴 시간에 감사함으로 나아가는 거룩한 사람으로 다시 태어나시기를 바랍니다.

우리의 몸이 새로워지기 위해서는 그리스도의 몸을 받아들여야 합니다. 성찬식에 참여하여 그리스도의 몸을 내 안에 모실 때 그리스도가 내 안에, 내가 그리스도 안의 거하게 되는 일체감을 맛볼 수 있습니다. 그리스도가 내 안에 내가 그리스도 안에 거하는 황홀경을 체험할 수도 있습니다. 이런 영적인 수준에 다다를 때 우리의 신앙은 그 절정을 맛보게 됩니다. 그 영적인 세계를 영성이라고 합니다. 이 영성의 세계로 여러분을 초대하는 것이 성찬식이 되겠습니다.

저는 미국에 있는 웨슬리 신학대학원에서 목회학 박사 과정을 공부할 때 "매 주일 예배에서 반복되는 성찬식이 영성에 어떠한 영향을 주는가"를 연구한 적이 있습니다. 그 논문은 이 책의 부록에 게재되어 있습니다. 그래서 기승전 '영'입니다. 영성입니다. 민중 목회는 '영'의 문제에 매우 깊이 관계하게 됩니다. 그리스도의 몸을 받으므로 내가 그리스도 안에 그리스도가 내 안에 거하는 일체감에 젖어 들게 됩니다. 여러분의 마지막은 이 경지에 도달하게 되어 있습니다. 영성의 문제가 성찬식을 행하는 가운데 해결되기를 간절히 소원합니다.

> 내 살을 먹고 내 피를 마시는 자는 내 안에 거하고 나도 그의 안에 거하나니 (요 6:56).

우리의 목회는 매 주일 성찬식의 참여에 있습니다. 성찬식을 외면한다면 결코 그리스도와 하나가 될 수 없습니다. 주님의 몸을 받으십시오. 주님이 내 안에 내가 주님 안에 거하는 그 순간 여러분은 이 땅에서 또 다른 예수가 되어 하나님의 나라를 실현하는 존재로 변화되어 있을 것입니다.

또 다른 결론이 있다면 기승전 '피'입니다. 기독교인들은 '피'라고 하면 예수의 보혈과 대속의 은혜를 떠올립니다. 저는 피의 다른 측면을 강조하고자 합니다. 제 손주가 초등학교 5학년인데, 얼마 전에 전교어린이회 부회장 선거에 출마한다는 소식을 들었습니다. 큰딸네 둘째아이인데 선거 결과는 4명의 입후보자 중에서 최다득표로 당선

되었다는 것입니다. 그러면서 큰딸은 "하엘이에게는 양평 할배의 피가 있어" 하는 것이었습니다. 저는 선거란 선거는 다 출마하여 낙선 인사만 하였는데, 솔직히 손주가 더 나은 것 같습니다. 청출어람처럼 말입니다. 우리에게 예수의 피가 있다는 말은 무슨 뜻일까요? 예수님처럼 불이익을 감수하며 하나님의 나라와 그 의를 구하는 일에 거침없이 뛰어든다는 것 아닐까요?

샘터교회에서 민중 목회를 할 때, 매 주일 직면하는 문제는 재정 문제입니다. 그런데 하나님께서 돕는 손길을 붙여주셨습니다. 연세대 신학 후배인 천사무엘 박사의 처제와 그 남편이 치과 의사 부부인데 매달 십일조를 보내주시고 때에 따라 재정적 지원을 해주셨습니다. 그 이름은 김미영, 전봉균입니다. 김미영 집사님은 암으로 투병하시다가 고인이 되셨습니다. 김미영, 이 이름은 샘터교회의 역사가 존재하는 한 기억될 것입니다.

왼쪽이 김성숙 사모(천사무엘 교수 부인),
오른쪽이 치과 의사 김미영 선생.
이 두 분은 내 민중 목회의 든든한 후원자들이다.

차 례

1부

나의 목회 여정 40년

교회의 안과 밖을 아우르고 연결하는 민중 목회의 여정

1. 어린 시절

인천 앞바다 대부도가 고향인 나는 초등학교 1학년 때부터 인천에서 공부하는 행운을 누렸다. 부친께서 농업, 어업, 제염업까지 하셨기에 6남매 모두가 인천으로 유학을 갈 수 있었다. 초등학생 시절 여동생(김성금)을 따라 나간 교회가 바로 창영교회였다. 중학생 시절 그 교회에서 구덕관 목사님의 설교를 열심히 메모하며 들은 기억이 난다. 부담임으로 계시던 황규록 목사님은 훗날 한국기독교교회협의회에서 에큐메니컬 부장으로 일하시다가 창영교회 담임목사로 부임하신 분인데, 당시 나의 신앙관 정립에 많은 영향을 주신 스승이다. 창영교회에서 이성적 판단을 소중히 여기는 신앙, 성령의 은사를 인정하되 오용을 경계하는 자세를 배울 수 있었다.

나의 부친은 덕적도 출신으로 대부도에 와서 자수성가한 사람이다. 이 덕적도에 안동 김씨 전서공파, 그중 찬의공파 집안이 모여 살았다. 이 집안 어르신 중에 고(故) 김광우 목사님도 계시다. 그런데 부친은 김 목사님에 관해 이따금 언급만 하시다가 내가 연세대학교 신학과에 진학하니 비로소 찾아뵙고 인사를 드리도록 길을 알려주셨다. 연희동에 있는 으리으리한 집으로 찾아가 인사를 드리고 백부의 존함을 말씀드렸더니, "네가 김태복의 조카란 말이지…" 하시며 당신을 종조부로 부를 것을 허락하셨다. 그리고 가승(家乘)을 꺼내 오시더니 이 가승으로 족보를 찾으라고 말씀하셨다. 그래서 나는 대전으로, 천안으로, 화성으로 돌아다니며 찾아다닌 끝에 (구) 안동김씨 대동보 편찬심사위원회에 통과되어 회복되는 기쁨을 누리게 되었다. 이 가승은 훗날 고 김거정 목사님(고 김광우 목사님의 아들)과 김찬희 교수님(고인의 사위)을 통하여 인천 월미도의 이민사박물관에 기증되어 보관 중이다.

어느 날이었다. 김광우 목사님을 뵈러 댁에 갔을 때, 목사님은 옆에 앉아 있던 다른 젊은 목사님에게 "광영이, 앞으로 이 녀석을 잘 돌봐주게"라고 말씀하셨다. 그분은 훗날 감독 회장이 되신 장광영 목사님이셨다. 인생에 만약은 없다고 하지만 그날 이후 장 목사님을 열심히 따라다녔다면 큰 교회의 담임목사가 되었거나 감리교 감독이 되었을지도 모른다. 2010년 여름, 장광영 감독님의 장례식에 참여하여 강화도 묘지까지 그분을 배웅하며 실로 많은 생각을 했다. 그동안 단 한 번도 찾아뵙지 않은 것이다. 나는 과연 후회 없는 인생을 살았는가?

2. 대학 생활

1977년 가을, 유신헌법으로 긴급조치가 내려지며 중앙정보부의 정보 정치가 극에 달한 무렵, 나는 연세대학교 새내기로 1학기를 마치고 2학기를 보내고 있었다. 평소처럼 매주 수요일에 신과대학에서 열리는 채플이 끝나고 해산하려는데, 2학년에 재학 중이던 김거성 학형(훗날 경기도 교육청 시민감사관, 시민사회수석 역임)이 구국 선언서를 낭독하더니 "유신헌법 철폐하라"라고 외치는 것이 아닌가. 우리는 선배들을 따라 대강당으로 갔다. 그곳에서 노영민 선배(훗날 대통령 비서실장)가 유인물을 뿌리다가 학내에 주둔하던 사복경찰에 의하여 체포되었다.

몇 주가 지나고, 채플이 끝난 뒤 대강당에서 나오는 학생들 앞에 "독재정권 타도하자"라는 플래카드가 걸렸다. 강성구 선배(훗날 민주화운동 기념사업회 부이사장)의 우렁찬 외침이 들려왔다. 학생들은 스크럼을 짜고 행진을 시작했는데, 나는 한일웅, 조영식 등 신과대 동기들과 그 선봉에 있었다. 전투경찰이 투입되고 도서관 앞에서는 투석전이 벌어졌다. 그렇게 1학년 2학기가 지나갔다.

1학년 때부터 소위 '문제 서클'에 속한 기독학생회 활동에 참여한 나는 운동권 학생이라는 이유로 감시 대상이 되었다. 그러는 중에도 매주 금요일이 되면 종로5가 기독교회관에서 열리는 시국기도회에 참석했다. 이 기도회의 단골 중에는 김찬국 교수님도 계셨다. 나는 연세대 신과대학 재학생이라고 인사를 드리며 선생님과의 교분을 넓혀갔다. 교외별전! 학교 밖에서 별도로 가르침을 받은 것이다.

1980년 봄, 서울에 봄이 오자 김찬국 교수님, 서남동 교수님 등이 복직하시어 신학과 수업은 활기를 띠었다. 이때 나는 가난한 사람들과 함께하며 노동자 · 농민 · 도시빈민 등 민중의 해방에 참여하는 민중신학의 세례를 받게 되었다. 이 무렵 5.18 민주화운동이라는 죽음을 넘어서는 과정을 겪고, 학사징계를 당하고, 복학하여 남은 한학기를 수료한 후 신학과를 졸업하였다.

3. '돌연변이 목사', 목회를 시작하다

1983년 4월 17일, 인천광역시 부평구 십정동 산25번지 부흥촌에 샘터교회를 개척하고 목회를 시작했다. 나는 목회의 목표를 "역사에 참여하는 신학, 사회에 참여하는 교회, 세계와 함께하는 신앙인"으로 정했다. 목회 시간의 절반은 교회 안의 일을 하고, 나머지 절반은 교회 밖 세상 일을 한다는 방침도 세웠다. 결과적으로 36년의 목회 기간 중 대심방, 부흥회, 새벽기도회를 계속한 것은 긍정적인 평가를 받을 수도 있겠지만, 목회자인지 사회운동가인지 알 수 없는 정체불명의 '돌연변이 목사'로 사방에 충돌하는 모습만 연출해온 것은 아닌지 반성하게 된다.

지금으로부터 20여 년 전에 생긴 일이다. 내가 목회하던 샘터교회가 소속된 지방회에는 나의 고등학교 선배님 두 분이 계셨다. 샘터교회 바로 옆 서부감리교회의 홍순욱 목사님과 부평감리교회의 홍은파 목사님이었다. 2000년 제16대 국회의원 선거가 끝나고 얼마 지나지 않은 때였다. 3선에 도전했다가 낙선한 국회의원이 고교 동문인 홍순욱 목사님께 인사차 사무실에 들렀다가 실토하기를, "김성복 때문에 떨어졌어…"라고 말했다는 것이다. 그는 선거가 끝나고 선거관리위원회에서 발행한 통계를 가지고 표의 흐름을 면밀히 검토했단다. 득표수가 지난 선거와 현격하게 차이 나는 투표구가 두 군데 있었는데, 특히 십정동의 한 투표소에서 그런 경향이 보였다는 것이다. 특별히 사람들이 대규모로 이사를 오간 것도 아닌데 표의 성향이 뒤

집힌 것이 의아해서 원인을 분석해 보니 거기에 김성복이 있었다는 논리였다. 당시에는 "설마 저 때문에 떨어졌겠어요…" 하며 대수롭지 않게 넘겼는데, 목회 수기를 쓰는 지금의 판단은 다르다. 그의 판단은 정확했다.

돌이켜 보건대 1983년 샘터교회 개척 이후로 "교회는 모름지기 지역사회의 중심이 되어야 한다"라는 신념을 가지고 8평의 만화 가게를 개조하여 예배당으로 꾸미고, 장난감을 모아 놀이방을 만들었다. 이 작은 공간은 알차게 사용되었다. 주중에는 자원봉사자 보모의 손길로 아이들을 돌보아주고, 주말에는 고교 동기인 치과 의사 이종원과 연세대학교 치과대학 후배들 그리고 세명한의원 이인출 원장과 의료진의 한방 무료 진료에 격주로 봉사하였다. 오늘날이야 국민 누구나 국민건강보험에 가입되어 있기에 병원의 혜택을 일정 정도 누리며 살아가지만, 당시만 해도 그렇지 않아서 토요일 무료 진료 시간에는 수많은 지역 주민들이 우리 교회를 찾아왔다. 이뿐 아니라 노동청년회를 조직하여 상식과 법률을 공부하며 실업자로 살아가는 젊은 이들에게 희망과 도전의 기회를 만들어갔다. 주부들을 위한 교양강좌를 열다가 한글 공부를 원하는 사람들이 있다는 것을 알고 중등학교 검정고시 합격을 위한 주부교실을 열기도 하였다. 이렇게 십정동 산25번지 부흥촌을 중심으로 하는 풀뿌리(Grass Roots) 운동은 차분하고 착실하게 진행되었다.

풀뿌리 운동은 보통 사람들, 곧 민초들에 뿌리를 내리는 작업을 말한다. 잔디가 흙에 뿌리를 내리고 나면 뽑아내려고 해도 잘 뽑히지 않는 것처럼, 어떤 활동가나 운동가의 사상과 실천이 대중에 뿌리를 내리면 그 활동가를 제거하더라도 전체가 들고일어나게 된다는 의미이다. 내가 볼 때 이러한 풀뿌리 운동의 최고 모델은 나사렛 예수이다. 목회자들은 이를 본받아 자신의 교회 내에서 또한 교회가 속한 지역사회에서 잔디처럼 뿌리를 성공적으로 내려야 한다. 대중에 뿌리내리지 못하고 관념적인 지식분자(知識分子)가 되어 과격하고 급진적인 방법으로만 목표를 달성하려 한다면 오히려 변혁의 열기를 식어버리게 하는 소모적인 일이 될 수 있음을 명심해야 한다. 대중보다 한발 앞서가려는 것 역시 위험하다. 반걸음만 앞서가야 한다. 조급증은 예수 해방운동이 경계해야 할 제1호 금지 약물이다.

이렇게 나는 지역사회 안에서 사회운동을 계속했다. 대통령 직선제 개헌을 쟁취하고 첫 선거를 치르면서 투표소 선거관리위원을 하였고, 어린이, 청소년, 청년들을 만나고 그들의 부모와도 접촉하였으며, 샘터교회의 주말 무료 진료를 통해 지역 주민들과의 만남을 넓혀갔다. 이를 통해 민주사회를 위한 시민 의식과 인권 의식, 평화 사상을 퍼트려 나갔다. 한마을생활협동조합 등 마을 운동을 하다가 2000년 총선에서 드디어 판을 갈아엎는 역사가 일어나게 된 것이다.

4. 신앙 공동체의 형성

거듭 강조하여 말하거니와 나는 목회자라는 정체성과 사회운동가라는 정체성 사이에서 '돌연변이 목사'의 길을 걸어왔다. 지금까지의 이야기가 목회의 절반에 해당되는 사회운동의 이야기였다면, 이제부터 샘터교회 신앙 공동체에 관한 기억을 더듬어 보고자 한다. 1983년 4월 창립 이후 샘터교회는 새벽기도회를 꾸준히 열었고, 주일 예배에는 15~20명의 성도가 참석하다가 전도를 통해 100명 수준으로 성장하였으며, 1986년에는 70평 대지를 확보하여 28평의 예배당 건물을 지을 수 있게 되었다.

전통적 신앙인들로 이루어진 예배공동체와 반독재 · 민주화 · 인권 회복 · 평화통일로 무장된 기초 공동체 간의 긴장이 늘 있었지만, 정-반-합의 변증법과 같이 실천-반성-새로운 실천을 추진하여 왔다. 교회의 회중이 형성되고 샘터교회가 신앙 공동체로서 모습을 갖추기 시작한 것이다. 이때의 예배는 전통적 감리교 예배였으며 설교는 사랑을 주제로 한 설교가 대부분이었다. 믿음, 소망, 사랑 중에서 나는 믿음을 제일로 강조하지 않았다. 서로 자기 믿음이 제일이라며 자랑하는 교회는 분열되는 경우가 많기 때문이다. 소망을 강조하는 교회는 예수 재림에 초점을 맞추어 설교를 하게 되는데, 이런 경우 피안의 세계를 강조하다 보니 현실 도피적 · 내세 지향적 경향을 띠게 된다. 그러나 김찬국 교수님이 번역한 미우라 아야코의 『구약성서 입문: 빛과 사랑을 찾아서』 등을 참고로 하여 사랑을 주제로 설교를 했더니 성서 중심적인 설교가 되었다. 설교하는 나 자신이 은혜를 받는 경우도 많았다.

감리교 장정이 변화하면서 신학대학원에 진학하게 되었다. 신학대학원에서 배운 성서 일과(lectionary)를 주일 예배에 적용하여 구약과 시편, 복음서와 서신서의 말씀으로 성서 봉독을 네 차례 나누어 하는 예배를 드렸으며, 매 주일 성만찬을 시행하였다. 성만찬의 예전을 회복하기 위해 정교회, 가톨릭, 성공회의 예전을 비교 연구하는 시간도 가졌다. 나는 세계감리교대회에 참석하여 세계 감리교회의 흐름을 파악하는 열의를 가지고, 더 나아가 샘터교회를 세계교회협의회의 교회일치운동에도 기여하는 교회로 만들어갔다. 이러한 운동에 참여한 한국의 작은 교회들이 한국민중교회운동연합으로 뭉쳤다. 인천에도 민중교회가 많이 있다. 세계적 · 지구적 · 생태적 차원에서 생각하고 한국적 · 지역적 · 역사적 차원에서 실천하는 민중교회 운동이 시간이 지나면서 생명 운동으로 축소된 것은 참으로 안타까운 일이다. 이런 상황에도 인천의 수많은 민중교회 중에 스스로 대지를 마련하여 건축한 교회는 샘터교회가 유일한 사례인 것으로 알고 있다. 샘터교회가 회중 중심의 교회였기에 가능한 일이었다고 본다. 이러한 점에서 인천민중교회연합과 샘터교회는 재평가되어야 한다. 샘터교회는 성공적으로 건축을 완수하고 십정4지구에서 또다시 신축을 준비하고 있다.

5. 나가는 말

목회자는 교회의 안과 밖을 아우르는 존재여야 한다. 사회를 등지고 내세만을 바라보는 교회란 민중의 아편에 불과하며, 부패하고 부조리한 사회구조를 유지하려는 기득권 세력의 일부분에 불과한 것이다. 목회자는 힘들고 고통스럽다고 할지라도 기꺼이 교회와 세계를 연결하는 가교가 되어야 한다. 민중의 언어를 사용하되 민중의 도그마에 빠지지 않는 깨어 있는 민중 목자만이 21세기 한국교회의 희망이 될 것이다. 민중신학이 푸대접을 받는 오늘의 현실 속에서 가난한 사람들에 대한 관심이 공평과 정의로 옮겨가도록 힘써야 하며, 이와 동시에 전 인류 앞에 놓인 많은 과제 또한 해결해 나가려는 목회적 노력이 계속되어야 할 것이다.

교회 개척하고 성장시키랴, 사회 개혁하며 선거 참여하랴 바쁘게 살아온 36년의 목회 여정에서 내 심신은 상당히 혹사당했다. 은퇴하고 일선에서 물러나니 점차 심신이 회복됨을 느끼고 있다. 은퇴란 삶의 끝이 아닌 또 다른 인생의 시작이라고 하는데, 새로운 삶을 살아가며 영성에 집중하기로 마음먹고 실천에 옮긴 덕분이 아닌가 싶다. 예림영성원을 설립하고 어느덧 벌써 3년 차에 접어들었다. 영성의 시대가 열리고 있다. 정말로!

《기독교사상 2022년 5월호》 은퇴 목회자 수기

"종전선언을 위한 '종교인 원탁회의'를 개최하자"

2021년 새해가 밝았다. 코로나19에 의한 전 세계적 고통은 계속 되고 있으며 모든 나라는 자국의 국민들이 빠른 시일 내에 면역력을 가져서 공포로부터 해방되는 것을 목표로 힘쓰고 있다. 신축년 새해를 맞이하여 K방역 모범국인 우리나라도 속히 면역력을 이룩하여 일상생활을 회복할 수 있게 되기를 간절히 소원하는 바이다.

신축년에 우리가 코로나19를 극복하는 과제와 아울러 지향해야 할 목표는 한반도 평화 정착이다. 남북대화조차도 단절되어 있는 상황에서 어떻게 무슨 경로로 대화 복원과 평화를 실현할 것인가? 문재인 대통령은 그 답으로 종전선언을 통한 엉킨 실타래 풀기를 제안하였다.

한반도의 종전선언은 평화로 가는 마중물이라고 본 것이다. 그렇기 때문에 문재인 대통령은 교황청을 방문했을 때나, 2020년 9월 영상으로 한 유엔 총회 연설에서나, 종전선언의 필요성을 언급하고 지지를 호소하였다. 종전선언 이후의 평화 프로세스는 평화협정 체결과 한반도 비핵화 실현이 될 것이다.

종전선언은 전쟁을 끝내고 상대방의 존재를 인정하고 대화하며 비폭력 평화적으로 갈등을 해소하는 단계에 진입하였음을 알리는 행위이다. 특히 한반도의 종전선언은 북미대화와 남북대화를 병행 진전시킴으로써 평화 프로세스를 실천하는 첫걸음이 될 것이다.

이러한 종전선언 추진에 대한 미국의 반응은 '북한만 동의한다면 아무런 이견이 없다'는 것이라고 이수혁 주미대사는 전하고 있다. 문 대통령은 이 종전선언이야말로 한반도평화의 시작이며, 한반도 종전선언을 위해 한미 양국이 협력하고 국제사회의 적극적인 동참을 이끌어 내길 희망한다고 미국 뉴욕에서 열린 한미교류를 위한 코리아소사이어티연례만찬 기조연설(화상 사전녹화)에서 주장하고, 지난해 11월 6일 제주 포럼 개막식 연설에서는 정전협정이 체결됐지만 한국은 아직도 전쟁이 끝나지 않았고 전쟁으로 인한 고통과 슬픔도 끝나지 않았다면서 종전선언에서 평화협정으로 이어지는 한반도 평화 프로세스를 지속하겠다는 뜻을 역시 밝혔다.

이러한 종전선언에 대한 제안이 미 하원에서 민주당 의원들의 지지는 받았으나 공화당은 단 한 명의 지지만 받은 상태에서 회기를 넘겨 폐기 처분되었다. 안타까운 일이다. 이제 바이든 미 신행정부가 들어서고 의회들이 새롭게 출발하면 좋은 여건이 형성될 것으로 보인다.

민주평화통일자문회의에서 한국사회여론조사연구소(KSOI)에 의뢰한 통일여론조사에 의하면, 한반도 비핵화와 항구적 평화 체제를 위한 '한반도 종전선언 필요성'에 국민의 다수인 59.8%가 공감하고, 국민 과반인 53.2%는 '종전선언'이 한반도 평화와 비핵화에 긍정적 영향 미칠 것이라 전망하는 것으로 나타났다.

또한 우리 국민 다수가 트럼프 전 대통령과 김정은 위원장 간 북미 합의가 미국 신행정부에서도 유지되어야 한다고 생각하며(73.9%), 북미대화재개를 위해 한국이 촉진자 역할을 해야 한다는 의견에 공감(73.9%)한 것으로 나왔다.

그러나 일부 국민들은 여전히, 북측이 핵무기를 가지고 있는 상황에서 무슨 종전선언이냐면서 상당히 부정적인 입장을 나타내고 있다. 이럴 때 국민통합을 이루기 위하여 종교계가 나서야 한다고 생각한다.

지금 우리나라는 극단주의가 팽배해짐으로 인하여 사회 분열이 심각하다. 따라서 만일 이대로 방치한 채로 시간을 허송한다면 수습할 수 없는 단계에 이를 수도 있다. 정치적 극단주의는 상대방을 간첩으로 몰아가고 자신만이 애국자이며 경쟁자를 파트너로 보지 않고 적대시하는 경향이 있다. 이를 극복할 에너지는 종교계에 있다고 본다. 평화를 위해 일해 온 종교인들이 발 벗고 나서야 할 이유이다. 종교계 안에 있는 극단주의도 극복할 겸, 원탁회의 형식으로 종전선언 토론에 나서 주기를 바란다. 코로나19로 인하여 대면이 어렵다면 비대면으로라도 한국종교인평화회의(KCRP)가 주체가 돼서 우리나라의 종교인 대표자들을 초청, 솔직한 대화를 가져 보기를 정중히 제안하는 바이다.

《종교와 평화 2020년 154호》 문화 에세이

선교사 헐버트와 산스크리트어 이야기

우연한 기회에 선교사 헐버트에 대한 글을 읽었다. 그가 우리말과 글에 관해 연구했으며 인도 남부 드라비다족의 언어와 우리말을 비교 연구하였다는 내용이었다.

세계감리교대회에 참석하여 인도 대표단 중에 드라비다인이 있어서 서로 이해를 넓히는 기회를 가질 수 있었다. 그리고 얼마 지나 유튜브에서 인도 타밀어가 우리말과 매우 흡사하다는 내용의 동영상을 보게 되었는데, 이 타밀어가 헐버트 글에서 봤던 드라비다족 언어 중 하나였다. 해당 영상에서 언어학자 강길운은 타밀어의 500여 단어가 우리말과 일치한다며 드라비다족이 우리와 같은 조상 아래 갈라져 나온, 헤어진 겨레일 수 있다는 가능성도 제시하고 있었다.

인도가 우리 민족과 무슨 관계가 있을까? 설마 하는 마음으로 영상을 통해 다시 헐버트를 떠올리게 되었고 그와 관련된 책을 읽기 시작했다. 미국인이지만 한국인보다 한국을 더 사랑했던 민족의 은인 헐버트 박사, 그는 한민족을 위해 수많은 업적을 남긴 사람이었다.

그의 업적 하나하나가 우리에게는 소중한 문화 자산인데 특별히 그의 한국 언어학, 역사학에 대한 연구 결과들은 그중에서도 단연

손꼽히는 내용이라 할 수 있다. 대표적인 저술서로는 외국인인 그가 한자와 씨름하며 고군분투해 써 내려간 한국 최초 종합 역사서 『한국의 역사』(*The History of Korea*)를 들 수 있겠다. 헐버트의 한국 역사 탐구에는 두 가지 흐름이 있다. 하나는 휴머니즘을 바탕으로 한국 역사의 면면을 기술한 것과 다른 하나는 한민족을 중심에 넣고 한국의 다양한 문화 요소들을 관찰한 것이다. 헐버트는 자주적 관점으로 한국 역사를 파헤친 최초의 인물이기도 했다.

이러한 가운데 기독교대한감리회 역사위원회가 엮어 낸 『한국감리교회 인물사전』(2002, 서울 신앙과 지성사)에서 헐버트에 대해 언급된 한 대목으로부터 오늘 이야기의 핵심적 사안을 풀어보고자 한다.

『한국감리교회 인물사전』은 헐버트의 당시 주장에 대해 다음과 같이 말하고 있다.

> 특히 우리 민족을 북방 민족과 남방 민족의 두 계통으로 보고 있는데, 그 이유는 기자 조선 성립 시에 그 세력이 남쪽에까지 미치지 못하고 오히려 남해안에는 다른 종족이 존재했다는 것과 삼한의 도시명이 남방언어의 특징인 다음절(poly-syllable)이라는 점, 그리고 문신의 풍습이 있었다는 것을 들고 있다. 그러나 기자 조선 건국을 전제하고 있는 점이나 인도 드라비다족 유입설 등은 지나친 비약으로 나타나고 있다. 그럼에도 착상과 주장이 정당한 자료를 근거로 하고 있다는 데서 높이 평가할 만하다(한국감리교회 인물사전 25).

이 책의 저자는 헐버트의 인도 드라비다족 유입설을 지나친 비약으로 규정한다. 과연 그럴까? 드라비다족의 하나인 타밀족의 단어가

무려 1,500여 개가 비슷하다는 최근 타밀어 연구가들의 주장을 볼 때, 드라비다족 유입설을 단순히 지나친 비약 정도로 끝내서는 안 된다는 생각에 관심을 놓지 않고 계속 추적해 보았다.

헐버트는 한국어와 드라비다어의 비교 연구(1905년)에서 한국어와 드라비다어의 관계를 심도 있게 파헤쳤다(151쪽). 이 책은 1895년에 발표한 논문 한민족의 기원을 구체화한 한국 최초의 비교 언어학 서적인데, 그는 이 책에서 한국어와 드라비다어의 유사성을 총체적으로 밝혀냈다. 헐버트의 뒤를 이어 오늘날 많은 언어 연구가도 한국어의 어원을 드라비다어에서 찾고 있다. 김정남 한국 타밀어 연구회 회장은 최근 한국어와 드라비다족 중심 언어인 타밀어 간 뜻과 의미가 같은 단어 1,800개를 찾아 발표하였다. 김 회장은 "헐버트는 한국어 연구의 아버지이자 오늘날 필적할 만한 인물을 찾기 힘들 정도의 천재적 언어학자"라고 평가하였다. 이러한 연구 과정에서 다룬 책 중 모니에르 윌리암의 산스크리트어 문법이 눈에 띄었다. 하지만 만일 헐버트가 모니에르 윌리암의 『옥스퍼드 산스크리트어-영어 사전』(*San- skrit-English Oxford Dictionary,* 1899)를 손에 넣을 수 있었다면 우리말 어원과 우리 민족의 뿌리에 관한 연구가 상당한 정도로 달라졌을 텐데 하는 아쉬움이 들었다. 이 사전에는 16만 개의 산스크리트어 단어가 수록돼 있는데 우리말 사투리로 보이는 단어가 빼곡히 들어있기 때문이다.

동양 철학자 강상원 박사는 『조선고어 실담어 주석사전』에서 산스크리트어 사전에는 우리말 사투리가 그대로 쓰여 있다고 말한다. '사투리'라는 단어조차도 크샤트리아에서 '크'가 묵음으로 되어 '샤트리아'로 변형되었고 이것이 '사투리'라는 말로 오늘날까지 내려오고 있다는 것이다. 크샤트리아는 고대 인도의 왕과 귀족 계급을 말하는

데, 이는 즉 인도의 귀족 계급이 쓰던 말이었다는 뜻이다(위의 책 49, 70쪽).

산스크리트어는 고대 인도 언어이고, 사투리는 그중 두 번째 높은 계급인 크샤트리아의 언어였던 듯하다. 이렇게 언어와 민족, 역사의 실타래를 따라 시간을 거슬러 올라가다 보면 우리말의 어원과 또 다른 역사를 알 수 있지 않을까 하는 생각에, 며칠을 산스크리트어에 몰두하여 여러 서적을 뒤적여 보았다. 그리고 『옥스퍼드 산스크리트어-영어 사전』에서 우리의 일상과 친근한 단어들을 많이 발견할 수 있었다.

kha-sina^: 가시나, 딸, 여아, susuya-ki: 수수께끼, singh: 싱겁다, amod-ita: 아름답다, 멋있다, dripta: 들입다 홍분한

위에 기술된 것처럼 산스크리트어 범어(梵語)는 우리 사투리와 상당 부분 일치한다. 그 음을 그대로 읽으면 별다른 설명 없이도 뜻을 유추할 수 있을 정도인데, 두 언어의 유사성에 대해 더 설명할 필요가 있을까? 흥미롭게 사전을 읽어 내려가며 여러 가지 질문을 던져 본다. 산스크리트어는 과거 어느 시기부터 어느 지역에 걸쳐 사용됐던 것일까? 인도와 한국을 아우르는 대규모 지역에서 동시에 사용되던 언어였을까? 그럼 두 민족은 같은 뿌리로부터 갈라져 나온 것일까?

그게 아니라면, 우리 민족은 멀리 헐버트가 우리 문자를 연구하는 떨어진 인도의 귀족 언어를 어떤 경로로 접하게 된 걸까? 누군가 한쪽에서 다른 한쪽으로 이주하여 언어를 전파한 것일까? 드라비다족과 산스크리트어 이야기는 우리가 알던 역사의 어느 부분과 맞닿아 있는 걸까?

잠정적인 결론은 가야국의 김수로왕이 인도 아유타국의 허황후를 아내로 맞이했다는 사실에서 인도의 가야인들이 대거 이주했을 가능성이 있다. 오늘날에도 인도의 지명에는 가야가 또렷이 남아 있다. 당시 인도의 항해술은 고도로 발전해 있었기 때문에 충분히 가능한 일이었다고 분석되고 있다. 철기문화를 꽃피우던 그들이었다.

길고 긴 시간이 흐르며 눈에 보이는 것들은 대부분 흔적도 없이 사라지지만, 언어는 오랜 세월을 거쳐 아직도 우리 입가에 남아 매일 같이 흘러나온다. 그 형태소와 단어 하나하나에 유구한 역사가 녹아 있다는 사실이 새삼 놀랍다.

《종교와 평화 2022년 176호》 문화 에세이

인천지역 기독교 민주화 운동사*

1987년 민주화 전후로 5.1 노동절 행사를 우리 교회 마당에서 개최하였다.
샘터교회는 비합법집회에 문호를 개방하였고 이로 인하여 교회에 많은 고통이 있었다.

인천지역이라 함은 당연히 인천광역시의 경계 안에 있는 지역을 말한다. 옛날 인천도호부(문학), 부평도호부(계산), 강화도호부(강화) 세 지역을 포함하는 지역을 말한다. 그러나 현실적으로 경인선을 중심으로 운동을 전개하였던 이유로 부천 지역이 포함되기도 한다. 그 대표적인 예가 부천서 권인숙 성고문 사건을 인천지역 인권선교위원

---

* 이 글은 〈한국민주주의연구소 지역민주화운동사 연구총서 6〉에 게재된 글임.

회에서 담당하였던 것이며, 목회자 운동을 하였던 목회자정의평화실천협의회가 인천, 부천 지역으로 결합하여 운동을 전개하였고, 민중교회연합도 부천 지역이 인천지역 민중교회연합으로 결합하여 활동을 한 바 있다. 따라서 인천지역을 중심으로 기술하되 일정 부분은 부천 지역도 포함하기로 한다.

기독교 민주화운동이라 함은 유신체제하에서 민주헌정질서를 회복하고자 투쟁하였던 기독교 교회의 모든 운동을 말한다. 특히 인천지역은 감리교회의 도시산업 선교 운동이 활발하였던 곳으로 이는 곧 한국의 노동 운동사와 일치한다. 동일방직 노동조합이 전개한 투쟁의 역사를 노동 운동사, 여성 운동사 등의 관점에서 볼 수 있지만 우리는 기독교의 현실 참여와 노동 현장의 민중 선교적 관점에서 기술하고자 한다. 기독교 에큐메니컬 운동에 참여하는 교회(NCC)의 목회자들을 중심으로 하는 인권선교위원회와 교회 청년들을 중심으로 하는 기독청년(EYC) 운동, 민중 선교를 감당하는 민중교회들의 연합운동, 민중교회의 노동 청년들을 중심으로 하는 기독노동자연맹운동 그리고 전국목회자정의평화실천협의회의 지역조직으로 활동한 목회자정의평화 운동을 기술하고자 한다.

1. 기독교도시산업선교회와 인천지역 민주화운동

유신체제 이전의 인천지역 기독교 민주화운동은 노동운동에서 시작되었다. 1950년 중반부터 시작된 공장 전도 또는 산업 전도는 교회 전도의 탈바꿈을 가져오게 하였다. 처음 시작은 1957년 4월 12일 대한예수교장로회 총회 전도부 안에 조직된 산업전도위원회였지만 그 활동면에서는 1961년 4월, 한국 감리교회에서 인천동지방 감리사인 조영구 목사(주안교회)와 서지방 감리사 윤창덕 목사(내리교회)가 한국기계공업 주식회사와 동일 방직 공업 주식회사에 들어가서 노동자들을 위한 예배를 드리기 시작했는데, 이것이 한국 감리교회 산업 선교의 시초라고 할 수 있다(『중부연회70년사』 1권, 401). 동년 9월 오명걸(조지 오글) 선교사가 인천에 오면서 구체화되어 기독교대한감리회 인천동지방, 인천서지방을 중심으로 인천산업전도위원회가 조직되었던 것이다. 그리고 한국기독교장로회는 그 뒤를 따라서 1963년 6월부터 공장 선교 활동에 동참하였다.

5.16 군사 정변으로 정권을 잡은 박정희는 조국 근대화를 기치로 내걸면서 '선 성장 후 분배'라는 경제 논리를 밀고 나갔다. 1962년에 시작된 경제 개발 계획은 두 차례에 걸쳐 9.5%의 고도성장을 이뤄내고, 그 결과 6.25 이후에 경제적 어려움을 극복하는 한강의 기적이라는 찬사를 받게 된다. 그러나 이런 고도성장의 그림자는 길고 깊게 드리워져서 경제성장 제일주의하에서 저곡가 정책을 참아낸 농민들과 농촌에서 올라와 값싼 노동력을 제공하는 저임금 노동자들의 희생이 있었기 때문에 가능했던 것이다. 이러한 노동자들과 동고동락하는 가운데 산업 선교는 뿌리를 내려갔다.

1960년대 인천 감리교회 산업 선교 활동은 1962년 3월부터 5개월간 이승훈 전도사가 인천 판유리 공장과 대성목재 공장에서 노동 훈련과 선교 실무자로, 1962년 6월부터 1967년까지 조문걸 전도사가 인천 중공업 공장에서, 1962년 9월부터 1964년 1월까지 조승혁 목사가 대성목재 공장에서, 1964년 5월에는 안연순 전도사가 흥안 방적 공장에서, 1966년 11월부터 조화순 목사가 동일방직 공장에서 노동 훈련과 선교 실무자로, 같은 해에 유흥식 실무자는 이천전기 공장에서 노동 훈련을, 1967년 김호연 전도사가 인천 판유리 공장과 인천항 부두 현장에서, 윤문자 전도사가 중앙도자기 공장에서, 김정국 목사가 인천 철도공작창에서 노동훈련과 실무자로 동참했다. 이들은 짧게는 6개월 길게는 6~7년을 노동자로 살았다. 이들은 노동하는 데에서부터 산업 선교를 시작하였고, 이러한 전통은 1990년대까지 지속되었다. 또한 한국기독교장로회는 1963년 6월 인천 대성목재 공장에 산업 전도실을 두고 이국선 목사가 공장 전도 목사로 부임한 후 1967년 2월부터 배다리에 동인천산업선교센터를 개설하고, 고재식, 이규상, 정태기, 이문우, 장금숙, 전종하 등이 대성목재 공장에서 6개월 또는 1년 동안 근로자로 노동 훈련을 받고 실무자로 활동하였다(이상 1986년 8월 28일 NCC인천 인권선교위원회 제1회 목회자 세미나에서 이국선 목사의 발제물 중 발췌함). 당시 인천도시산업선교회 주요 활동 성격은 전도를 하는 주요 목적이었는데, 1969년부터 1972년 사이에 노동자와 자본가의 중간적 입장에서 당시 약자이었던 노동자를 지원하는 질적 변화가 이루어진다. 또한 전국적으로 영등포, 대전, 대구, 울산 등의 교회들이 이 산업 선교 필요성을 절감하고 각지에서 인천산업선교회 실무자들을 초청하여 세미나를 여는 등 필요성과 중요성 확대 전성기에 들어갔다. 1969년 중부연회 실행위원회는 중부연회 도시산업선교위원회를 조직하여 활동을 지원하게 되고, 1972년 3월에는 동부연회 결의로 경수도시산업선교회가 세워지게 된다.

사용자와 노동자의 중간에서 일했던 산업선교회가 노동자들의 편에 서서 행동을 취하기로 한 결정은 당시 대상으로 볼 때 당연한 것이기도 했고, 시대적인 요청에 대한 응답이었다. 1973년부터 1980년까지 약한 자를 강하게 하는 노동자의 편에 서는 산업 선교가 진행되는데 역시 1970년 11월 13일 감리교 청년이었던 전태일이 '노동자도 인간'이라고 외치며 분신했던 사건 등으로 고조되어가고 있던 노동운동이 탄압받기 시작하였고, 처절한 투쟁을 전개하게 된다. 당시에 인천 도시산업선교회에서 지원하거나 관계를 맺었던 사업장은 동일방직, 신진자동차, 부평공장, 반도상사, 삼원섬유, 한구마벨, 삼송섬유, 태양공업, 고미반도체, 동국무역 등 수십 개 사업장이었으며, 이러던 중 1972년 동일방직 근로자들이 어용노조를 물리치고 조합원들의 노동조합을 회복한 이후로 지속적인 탄압이 있었고, 1976년 이른바 나체시위까지 하며 노동조합을 지키려고 투쟁하였다. 1978년 2월 이른바 똥물 투척 사건으로 극에 달한 노동 탄압 사건이 발생하게 된다. 이때 조화순 목사를 비롯한 인천도시산업센터 관계자들은 동일방직 노동자와 함께 탄압을 받는다(이 부분은 노동운동 부문에서 상세히 기술할 것이다). 유명한 동일 방직 사건에서 YH 여성 노동자들의 신민 당사 농성까지 투쟁이 연이어 펼쳐지게 된다(『70년사』, 404).

이와 같이 노동자들의 노동운동을 억누르는 박정희 정권과 노동자의 편에 서는 도시산업선교는 충돌할 수밖에 없었고, 산업 선교 활동은 정부의 집중적인 탄압 대상이 되었다. 도시산업선교회 실무자들이 잇따라 연행 구금 구속되는데 1973년 당시 김동완 전도사가 구속되고, 1974년 1월 김경남 목사 등 네 명이 긴급조치 1호 위반으로 구속되고, 2월 석방되었던 김동완 목사가 또 구속되고, 5월 조화순 목사가 반도상사에서 노동조합을 결성했다는 이유로 구속된다. 그리고 우리나라 선교 역사상 처음으로 외국인 선교사 추방 사건이 있는데 1974년 12월 인천 도시산업선교회 처음부터 활동해온 오명걸 선교사가 강제 추방된다. 1978년 12월 6일 부산 YMCA에서 동일

방직 사건에 대해 강연한 이유로 조화순 목사가 다시 구속된다. 여기에다가 유신 이후 노동자들에게서 등을 돌린 한국노총은 1974년 1월 19일에 도시산업선교위원회를 분쇄할 것을 다짐하는 결의문을 채택하였다. 당시 전국적인 유일한 노동단체가 이러했으니 지금 생각하면 참으로 한심하기 짝이 없다. 이러한 탄압에 대응하기 위해서 산업 선교 실무자들은 1977년 3월 20일부터 기독교회관에서 금식기도를 하며 성명서를 내어서 규탄하고 한국기독교 교회 협의회는 1978년 『산업 선교를 왜 문제시하는가』라는 책자를 발간하여 탄압에 대처해 나갔다.

1980년 5.18 광주민주화운동을 짓밟고 등장한 신군부는 노동운동을 탄압하고 민주적인 노동조합을 무력화 말살 정책을 펴게 되는데 노동운동 관계자들의 잇따른 구속과 노동 현장의 기반이 파괴된 인천지역 산업 현장의 외각에서 기독교도시산업선교회는 노동자들을 지원하였다. 이때의 인천도시산업선교회 실무자들을 살펴보면 1981년에 총무 조화순 목사, 실무자 김동완, 김근태, 조옥화, 1984년까지 총무 김동완 목사, 실무자 양승조, 조옥화, 김지선, 1985년까지 총무 김정택 전도사, 이민우, 조옥화, 1988년까지 총무 박일성 목사, 남규우, 실무자 이민우, 이영식, 송규의, 고상미, 이지영, 1996년까지 총무 남규우 목사, 실무자 김찬국 전도사, 이민우, 최영찬, 조성오, 나지현, 방기원, 김형미 등이다. 1996년 새로 인천 도시산업선교회의 총무가 된 김찬국 목사는 인천 산업선교회의 대내외적인 상황 변화와 시대적인 요구를 수용하여 명칭과 선교 사업의 방향을 전환하였다. 기독교도시산업선교회에서 사회복지선교회 명칭을 바꾸고 활동 방식도 명칭에 걸맞은 방법을 채택하기로 한다. 1996년 2월 중부연회 도시산업선교위원회 위원장 최성봉 목사는 정관을 개정하여 위원회 명칭을 사회복지선교회로 바꾸기로 결의하고, "작은 사람에게 한 것이 곧 나에게 한 것이라"는 마태복음 25장 말씀에 근거하여 산업선교회 시대의 "약한 자를 강하게"라는 신앙 정신과 일맥상통하는 지역을 위한 사회복지 활동을 펼치기로 하고 지금 후드뱅크 등 복지 활동을 하고 있다. 그러나 노동 현장을 향한 교회의 역할이 축소되어 소멸되어가는 것도 안타까운 현실이다.

2. 인천기독청년협의회의 탄생과 인천 민주화운동

유신체제하에서 긴급조치가 남발되고 탄압이 더욱 심해졌을 때, 인천지역 기독교 교회에도 유신 반대 운동은 두 줄기 움직임으로 시작되고 있었다. 첫 번째 그것은 선구자적 역할을 감당하였던 세 분으로부터 시작되었다. 한국기독교장로회의 이국선 목사와 대한예수교장로회(통합)의 홍성현 목사 그리고 기독교대한감리회의 황규록 목사 등이 그분들이다. 이국선 목사는 동인교회, 홍성현 목사는 인천제일장로교회, 황규록 목사는 창영감리교회를 담임하면서 한국기독교교회협의회(NCCK)를 중심으로 진행된 반유신민주화운동을 인천지역 상황에 맞게 전개하였다.

또 하나의 흐름은 한국기독청년협의회(EYCK)가 1976년 창립되고 이어서 지역조직 작업이 시작될 때, 인천제일장로교회의 김성수, 정세국, 김성일 등과 제삼장로교회의 이민우 등 장로교 통합 측 청년들과 인천장로교회의 정세일, 동인장로교회의 이건 등 기장 측 청년들과 화도감리교회 이병웅, 창영감리교회 김성복, 김기영 등 감리교 측 청년들 그리고 대한성공회 인천교회의 전계영 등이 참여하여 1978년 1월

31일 인천창영감리교회에서 인천기독청년협의회(EYC)를 창립하여 인천지역에 기독 청년 운동의 새역사를 시작하게 되었다.

인천기독청년협의회의 창립 당시의 명칭은 경기기독청년협의회이었으며, 초대 회장은 김성수이었고, 강우경, 김성일, 정세일로 이어졌다. 인천기독청년협의회는 유신체제하에서 반유신운동과 1980년 서울의 봄 광주민중항쟁을 거치면서 민주화운동의 구심점으로 자리를 잡아갔다. 그러다가 1981년 5월 21일 인천제일장로교회에서 "민족의 교회, 행동하는 신앙"이라는 주제로 청년 선교 대회를 개최하였는데 한완상 교수의 강연 등 집회를 마치고 축현초등학교까지 참가자 천여 명이 스크럼을 짜고 군부독재 정권의 퇴진을 요구하는 시위사건이 발생하였다. 이 사건으로 인하여 인천기독청년협의회 회장 이민우를 비롯하여 광야서점 대표 강우경, 정희윤(인천기독청년협의회 부회장, 감리교 청년회 인천동지방연합회장, 철도청 직원), 한태환, 문광석, 김종은, 임정상(이상 인하대) 등이 구속되었다. 이른바 5.21 시위 사건으로 인천기독청년협의회의 조직은 어려움을 당하였으나 이날 이후 5월 29일 동인천감리교회에서 구속자 석방을 위한 기도회 개최 등이 이어졌으며, 이 사건의 연루자들은 석방 후 이민우는 도시산업선교회 실무자로, 강우경은 민중교회 운동으로, 정희윤은 인권선교위원회 간사로, 문광석은 노동문화 운동으로 기여하게 된다.

인천기독청년협의회의 주요 참가자들은 대한예수교장로회 경기노회 청년연합회와 한국기독교장로회 경인노회 청년연합회 그리고 기독교대한감리회 청년회 인천동지방, 인천서지방 연합회 회원들이었다. 감리교 청년회는 1982년 1월 30일 감리교 청년회 중부연회 연합회 총회를 부천제일교회에서 중부연회 본부 주관으로 모여 개최하는데 회장에는 부천제일교회 김정규, 총무에는 인천 남지방 대성교회 맹완재 그리고 부천 지방 삼정교회 이종숙이 서기를 그리고 인천동지방 화도교회 최금숙이 회계를 맡게 된다. 이들이 제일차로 한 사업은 1982년 여름교육선교대회였다. 6월 16일부터 18일까지 연회별로 지역대회 개최가 되는데 입석 캠프장에서 "민중운동을 향한 기독 청년"이란 주제로 서울 중부 동부연회의 세 청년연합회가 백팔십여 명이 참석한 가운데 열렸다. 한국의 역사적 현실을 올바로 깨닫고 민중의 주체적 권리를 회복시켜 하나님이 통치하는 나라로 이끌어가기를 염원하면서 조국의 현실인 분단과 종속 관계로 설명되는 객관적 조건 속에서 교회가 민족의 목자로서 민중운동을 전개해 이 땅에 그리스도의 정신을 올바르게 선도하자는 신앙적 결단을 새롭게 한다. 강연은 김동완 목사 특강으로 다국적기업과 한국 경제의 박현채 교수 그리고 분단 시대를 극복하는 기독 청년의 역사의식으로 정명기 목사 그리고 한국의 노동 상황과 그 해결 과제라는 주제로 황인성 선생이 그리고 한국 농업 문제의 인식으로 나상기 선생이 각각 강연하였다.

인천기독청년협의회는 부활절 연합 예배와 10월 마틴 루터의 종교개혁을 기념하는 종교개혁제를 중심으로 모임을 가졌으며, 수시로 청년 신앙 강좌를 개최하는 등 기독 청년의 신앙과 역사의식 민주화 운동을 결합하는 의식화 교육에 중점 사업을 진행하였다. 1985년 10월 1일 인천기독청년협의회 주민선교위원회는 "만석동 지역 재개발 실태보고서"도 발간하였으며, 10월 21일 인천기독청년협의회 기독교 문화 선교 주간을 맞이하여 부평 목원교회에서 허병섭 목사 초청 기독 문화와 민중문화를 주제로 강연회도 개최하였다. 11월 8일 인천 기독청년협의회가 주동이 되어 만석동 재개발정책에 대한 주민공청회 동인교회에서 개최하려다 경찰의 봉쇄로 일꾼교회로 이동해 진행하였다.

이러던 가운데 1986년 인천중앙감리교회에서 8월 13일부터 8월 16일까지 '감리교 전국 청년 연합회 여름선교대회'를 개최하는데 대회 마지막 날 새벽에 청년들이 새벽 구보를 하며 "부천경찰서 성고문 강간 사건"이란 제목의 유인물을 시민들에게 나누어주자 경찰이 이들 18명을 연행하는 사건이 발생하였다. 그리고 1987년 1월 25일 인천기독청년협의회 · 인천지역 기독노동자연맹 · 인천기독교도시산업선교회 등은 연합하여 일꾼교회에서 목회자, 노동자, 청년, 학생 등 350여 명이 참석한 가운데 "고 박종철 추모 예배 및 살인 고문 정권 규탄대회"를 개최하였다. 송림사랑방교회 박종렬 목사가 설교를 하였는데 대회를 마친 참석자들은 "박종철을 살려내라", "고문 정권 타도하자", "양심수를 석방하라" 등의 구호를 쓴 어깨띠를 한 목회자들의 뒤를 따라 동인천역까지 침묵 시가행진을 하려고 했으나 경찰이 저지하면서 32명이 연행되었다.

이후로 인천기독청년협의회 출신 이민우, 정세일, 김성복, 김영철, 정희윤 등은 인천지역의 민족 민주운동과 인권운동, 통일운동 등에 기여하였으며, 인천기독청년협의회는 인천지역 민주화운동에 앞장서서 투쟁하였다. 또한 김경호, 윤현수, 박상문, 조유형, 김기영, 이준, 김상곤, 김인정, 이강희, 김은신, 김영호, 김연국, 권양녀, 권용숙, 곽경전, 김경수, 김명종, 김용구, 김유호, 박경서, 김혜정, 민병희, 전용철, 최기은, 황중숙, 황치빈 등이 인천기독청년동지회로 인천지역 기독교 사회운동과 생명평화기독연대 등에 참여하고 있다.

3. 인천지역 인권선교위원회와 인천 민주화운동

인천도시산업선교회와 인천기독청년협의회 EYC가 인천지역 민주화운동사에 커다란 발자취를 남기게 되었을 때, 묵묵히 병풍과도 같은 역할을 해준 이들이 바로 한국기독교교회협의회 인천지역 인권선교위원회이다. 인천지역에서 목회하며 에큐메니컬 운동에 참여하던 목회자들이 중심이 되어 조직된 한국기독교교회협의회 인천지역 인권선교위원회(준)는 1984년 12월 17일 창영감리교회에서 "눌린 자에게 자유를"이란 주제로 인권 주간 연합 예배를 개최하였다. 기독교대한감리회 선교국 총무 김준영 목사가 학원 문제, 노동문제, 주민문제 등 인권탄압 사례를 보고하였다. 그리고 이듬해 1985년 4월 26일, 드디어 한국기독교교회협의회 인천지역 인권선교위원회가 창립되었다.

회장 황규록 목사, 고문 이국선 목사, 총무 이은규 목사(기장), 서기 이만규 목사, 회계 조영철 목사로 조직하고, 1985년 12월 1일 간사제 채택하여 정희윤을 임명한다. 동년 12월 9일 창영감리교회에서 김지길 목사 설교로 인권 주간 연합 예배를 100여 명이 참석하여 드렸다. 인천지역 인권선교위원회는 인권신장 사업 구속자 가족 위로 및 영치금품 지원, 만석동 철거대책 협의, 동보전기 노동자 입원자 후원, 일꾼교회 및 일꾼 자료실 압수수색 사건에 대한 대책 활동 등에 참여하였다.

한국기독교교회협의회 인천지역 인권선교위원회는 1986년 3월 31일(월) 오후 6시 인천창영감리교회에서 제2차 정기총회 개최하여 조직을 확대 개편하는 작업을 진행하는데 이때 가장 많은 목회자가 참여하게 된다.

한국기독교교회협의회 인천지역 인권선교위원회 조직표

지도위원	이춘직 감독(감리, 중앙교회), 전주석 목사(기장, 용광교회), 양정신 목사(기장, 삼일교회)
실행위원	감리교 — 동지방: 황규록 목사(창영), 안병원 목사(만석), 김달성 목사(인항)
서지방	박은국 목사(용현), 이충기 목사(성산), 서만권 목사(율목), 박은국 목사(용현), 이충기 목사(성산), 서만권 목사(율목)
남지방	권영국 목사(고잔), 이규학 목사(인천제일)
북지방	최세웅 목사(계산중앙), 홍순욱 목사(서부), 최성봉 목사(산곡), 이원배 목사(부평중앙), 권혁찬 목사(평강), 이정일 목사(부평중부)
기장	권용각 목사(선린), 주복균 목사(청암), 이상수 목사(장수), 임석구 목사(만수중앙), 예장(통합): 주인정 목사(인천제일), 김베드로 목사(부평중앙), 기장: 정학진 목사(부천동산), 윤정소 목사(인천), 조영철 목사(부천), 이은규 목사(목원), 박동일 목사(100주년), 박종렬 목사(송림사랑방), 이진 목사(제2동인)
성공회	정연우 신부(인천내동)
구세군	김운호 사관(인천영문)

위원회

위원장	황규록 목사(감리, 창영)
부위원장	정연우 신부(성공회, 인천내동), 주복균 목사(감리, 청암), 이은규 목사(기장, 목원), 주인정 목사(예장, 인천제일)
총무	박은국 목사(감리, 용현)
서기	김달성 목사(감리, 인항)
회계	이진 목사(기장, 제2동인)
감사	이규학 목사(감리, 인천제일), 김운호 사관(구세국,

	인천영문)
홍보분과장	김상목 목사(기장, 소성)
청년분과장	김성복 목사(감리, 샘터)
사회분과장	김정택 전도사(감리, 송현산마루)
연구분과장	김병기 목사(기장, 한뜻)
간사	정희윤(기감)

이렇듯 가장 막강한 조직을 하고 일할 준비가 되어 있을 때, 인천에 5.3 민주항쟁과 아울러 노동 부문 등 민중운동에 대하여 극심한 탄압이 있었는데, 이때 부천에서 성고문 사건이 발생하였다. 본 사건을 제보받은 한국기독교교회협의회 인천지역 인권선교위원회는 1986년 6월 27일, 간사 정희윤을 파견하여 부천경찰서 성고문 사건에 대한 사실 확인을 위하여 교도소를 방문하였으나 교도소 측에 의하여 면회가 거절당하였다. 6월 30일 한국기독교교회협의회 인천지역 인권선교위원회는 부천경찰서 성고문 사건 피해자가 변호사를 선임해 주기를 원한다는 사실을 전해 듣자 사건 개요를 알리고, 변호사 선임을 의뢰하고, 간사 정희윤은 보고서를 작성하게 된다. 당시 권인숙 양은 허모 양으로 가명을 사용하고 있어서 그대로 기록한다. 그 원본이 발견되어 전한다.

인천지역 인권선교위원회 1986. 7. 1.

이어서 7월 2일 양심수 가족 삼십여 명이 부천경찰서에서 문귀동 형사가 조사 중인 대학생 출신 해고 노동자 권모 양에게 성적 고문과 성폭행을 저질렀다고 주장하며 사건의 진상 공개와 관련자 처벌을 요구하며 농성을 벌였다. 이날 한국기독교교회협의회의 인천지역 인권선교위원회 정희윤 간사가 연행된 데 대하여 7월 3일 인천지역 인권선교위원회 임원들이 부천경찰서를 방문하여 부천경찰서 성고문 사건과 본 위원회 간사의 연행에 대하여 항의하였다. 이어서 한국기독교교회협의회 인천지역 인권선교위원회는 동인교회에서 7월 4일 '법과 인권'이라는 주제로 인권 예배를 진행하고 부천경찰서 성고문 사건을 보고하며 규탄하였다. 7월 7일에는 NCC 인천지역인권선교회 천주교 인천교구 정의평화위원회 인천기독청년협의회 인천기독노동자연맹 등 여덟 개 단체가 부천경찰서 성고문 사건과 관련하여 군사독재의 성고문 성폭행을 고발하고 규탄하는 성명서를 채택하였다. 이 사건은 전국단위의 대책위원회가 조직되는 등 전국민적 저항을 불러왔으며 전두환 정권의 말로를 재촉하는 사건이 되었다.

1987년이 되어 서울 남영동 대공분실에서 조사받던 박종철 군이 물고문으로 인하여 사망하는 사건이 발생되었다. 부천서 성고문 사건에 이어 물고문에 의하여 대학생이 숨지자 중간층의 관망하던 이들이 움직이기 시작하였다. 인천지역에서도 교회의 지도급 목사들이 움직이기 시작하여 각종 시국회의에 참여하기 시작하였고, 고문 추방, 민주 회복을 위한 기도회를 개최하고 시위에도 적극적으로 동참하였다.

2월 8일에 감리교회는 인천 주안지방회의 결의에 따라 동암역 광장에서 청암교회, 선린교회, 만성제일교회, 광명교회, 만수교회, 인천교회, 만수중앙교회, 샘터교회, 미문교회 등에서 참가한 교인 200여 명이 모여 추모기도회를 진행하였다. 감리교 인천 주안지방회는 지방회 교역자 회의 결의로 "① 2월 8일(일) 주일 예배를 고 박종철 군 추모 예배로 드린다. ② 지방회 소속 2만 명 전 교인은 추모 의미로 검은 리본을 단다. ③ 교단 총회 성명서를 2만 장을 인쇄하여 전 교인에게 배포한다. ④ 주일 추모 예배 후에 지방회 소속 교인들은 침묵 시가행진을 하여 동암역 북부역 광장에 집결해 연합 추모 기도회를 갖는다" 등의 결의를 하였다. 이날 선린교회와 청암교회에는 경찰들이 배치돼 교회 정문을 차단하고 침묵 행진을 저지하였으나 선린교회에서는 교회 마당에서 600여 명의 교인이 모인 가운데 추도식을 개최하였다(「인천인권소식」 제6호(1987. 02. 01.), 한국기독교교회협의회 인천지역인권선교위원회, M00107590).

감리교 인천북지방에서도 지방회의 결의에 따라 갈월교회에서 '고문 추방 기도회'를 개최하였으며 2월 10일 창영교회에서 개최된 '제38회 인천동지방회'에서 지방회원의 결의로 '고문 추방을 위한 특별 기도 시간'을 가졌다. 4월 7일에 선린감리교회(담임 권용각 목사)에서 인천지역 인권선교위원회 주최 제4차 목회자 세미나 개최하는 등 현실 참여 운동이 계속되다가 민주쟁취국민운동인천본부에 주복균 목사가 공동대표로 참가하는 등 6월 항쟁에 동참하므로 6.29 선언을 받아내게 된다. 이후 직선제 개헌이 성취되고 대통령 선거가 있었으나 양 김 씨의 분열로 정권교체에 실패한다.

이후에 1988년 인천지역 기독교목회자협의회가 결성된다. 인천지역 40~50대 중진 목회자들이 중심적으로 활동하는 목회자 단체이었다. 인천지역 인권 선교위원회 활동했던 사람들이 확대 발전하면서 창립된 것으로서, 여기에 평신도들까지 결합이 된다면 그리고 교회가 부담금을 내는 수준에까지 이르게 된다면 인천지역 기독교교회협의회, 다시 말해서 한국기독교교회협의회의 인천지역 조직으로 성장할 수 있었다. 그러나 인천기독교목회자협의회가 구성되고, 인천지역 사회의 여러 가지 일들을 감당하고 나갔을 때 한계에 부딪히게 되었다. 그리고 인천기독교 목회자협의회는 민주당(김영삼 대표) 지지자들이 80~90%이었기 때문에 민주당이 3당 합당을 하며 민자당으로 들어갔을 때 많은 목회자는 민자당 쪽으로 지지를 표명하며 보수화의 길을 걷게 된다. 흔히 말하는 기독교의 뉴라이트가 형성되어 한국 역사에 등장하게 되는 것이다. 이에 반발하는 목회자 그룹은 이후에 1988년 11월 7일, 인천지역 목회자정의평화실천협의회를 창립하여 박동일 목사를 회장으로 선출하고, 인천, 부천 지역에 30~40대 젊은 목회자들을 중심으로 자주 평화통일의 목회자 운동을 추진하게 된다.

이러한 가운데에서도 인천기독교 목회자협의회 인권위원회는 1989년 3월 15일, 고문 기술자 이근안에 대한 조선일보 청룡봉사상 시상 보도와 관련해서 성명을 발표하고 수상을 취소하라고 촉구한다. 인천기독교목회자협의회 인권위원회는 계속 활동하며 1989년 4월 19일, 인천기독교목회자협의회 인권위원회 이름으로 대우자동차 해고 노동자 전희식과 이성재가 4월 8일 대우자동차 부평공장 앞에서 유인물을 나눠주다 경찰에 연행돼 집단폭행을 당했다고 주장하며 부평경찰서장과 수사과장 등 관련자 12명을 인천 지검에 고발하는 사건이 있었다. 또한 인천기독교목회자협의회 인권위원회는 12월 15일 송림동 제2동인교회에서 열린 세계인권선언 41돌 기념 연합 예배에서 1984년 구속되어 복역 중인 인천창영교회 이창국 장로가 고문 수사에 의하여 허위자백을 강요당했다며 전면 재조사를 요구하였다.

4. 인천민중교회연합과 인천 민주화운동

교회는 그리스도의 몸으로써 가난한 사람들과 함께 해방의 길로,

가야 한다는 민중신학의 세례를 받은 목회자들이 한국 역사 속에 참여하면서 민중교회 운동을 인천에서도 전개하였다. 먼저 이들은 1986년 인천지역 민중교회 목회자 모임을 출범시켰다. 소성교회, 사랑방교회, 한뜻교회, 해인교회, 예림교회, 새롬교회, 새봄교회, 백마교회, 일꾼교회, 하나교회 등이 참여하였다. 이때 모임에서 "1. 교단보다 지역 우위, 2. 비공개, 3. 시간 엄수" 등의 원칙이 합의되었다. 인천지역 민중교회는 1985년부터 1986년 사이에 집중적으로 개척됐으며, 이 무렵 개척된 교회는 예림교회(1985), 한뜻교회(1985), 해인교회(1986), 사랑방교회(1986), 새롬교회 등이 있었다. 이에 앞서 1982년 새봄교회, 1983년 샘터교회 등이 개척되었다(「인천민중교회연합」 97[1997. 02. 16.], 인천민중교회연합).

구분	소속교회	지구대표
부평지구	백마교회, 해인교회, 진실교회, 새봄교회	신철호 목사
주안지구	인항교회, 한뜻교회, 샘터교회, 소성교회,한길교회, 예림교회, 주안성결교회	김병기 목사
동인천지구	사랑방교회, 산마루교회, 송현샘교회, 새벽교회, 일꾼교회	김정택 전도사
주안지구	새롬교회, 하나교회, 제자교회	이원돈 목사

1987년 6월 민주항쟁의 열매로 6.29 선언을 얻었을 때, 이어서 노동운동의 거대한 파도가 일어나게 된다. 7~8월 노동운동이 대중화 시대를 열게 되고, 이런 노동운동의 양적 변화는 민주노동조합총연맹이 탄생하게 되었다. 이때 민중 선교를 하던 목회자들이 전국경제인연합 사무실을 항의 방문한 것을 계기로 1988년 한국민중교회

운동연합이 결성되어 민중 선교의 장을 열게 된다.

1988년 9월 5일, 인천지역민중교회연합, 인천기독교청년협의회, 기독교도시산업선교회 등 3개 기독교 운동 단체를 중심으로 인천지역 기독교사회운동협의회 준비위원회를 구성하고 1989년 2월, 인천 부천 목회자정의평화실천협의회가 추가로 참가하여 인천기독교사회운동연합을 결성 추진하기로 한다. 1989년 5월 21일, 제2동인장로교회에서 광주 5월항쟁 기념 예배를 드리고, 5월 17일부터 20일까지 새봄교회, 백마교회, 해인교회, 송림사랑방교회에서 광주 5월 항쟁 기념 비디오 상영을 진행하였다. 드디어 1989년 6월 18일, 인천기독교사회운동연합이 결성되어 1989년 9월 12일, 인천기독교사회운동연합이 일꾼교회에서 제1회 정책협의회를 개최하게 되었다. 1989년 2월 1일, 인천민중교회연합은 인항교회(김달성 목사)에서 임시 총회를 개최하면서 그동안 네 개 지구로 분화되어있던 조직 구성을 북인천지구와 동인천지구 두 개 지구로 통합하는 안을 통과시킨다.

또 다른 차원에서 노동운동을 지원하던 인천기독교민중교육연구소는 인민노련 사건과 관련해 공안당국이 인천기독교민중교육연구소를 인천지역민주노동자연맹 하부 조직으로 발표한 데 대해 항의하는 성명서를 10월 21일 인천기독교민중교육연구소 소장 박종렬 목사와 임직원 일동 명의로 발표하였다. 1990년 1월 14일 백마교회 청년회, 새벽교회 청년회, 샘터교회 청년회, 사랑방교회 노동청년회 공동 주최로 인천지역 노동청년회 연합 교육을 시작하였다. 또한 빈민 운동의 일환으로 민중교회가 운영하는 공부방이 많이 있었는데, 1990년 3월 17일, 인천지역 공부방연합회가 조직되어 소외된 어린이와 청소년을 위한 체계적인 교육 문화 지원 활동이 시작되었다.

1991년 10월 13일, 통합 인천민중교회연합이 발족되어 동인천지구, 북인천지구 연합의 통합을 이루며 김영철 목사 교회가 회장을, 새벽교회 윤인중 목사가 총무를 맡게 된다. 인천민중교회연합은 5월 23일부터 6월 12일까지 기독 여성 일꾼 교육을, 5월 28일부터 6월 18일까지는 청년 일꾼 교육을 진행하였고, 10월 10일부터 10월 23일까지 여신도 교육도 진행하였다. 1994년 12월 12일, 인천민중교회연합의 목회자와 성도 45명이 동인천역을 중심으로 한 인근 지역에서 재능교육 카드 모금을 시작하여 12월 15일, 18일, 22일에는 동인천역 외에 부평역 등지에서 모금을 계속 진행하여 삼익악기 노동자와 부산 한진중공업에서 근무하다 사망한 노동자의 가족에게 지원금을 전달하였다. 1994년 이후 통합 인천민중교회연합이 주축이 된 모금 운동은 15개 교회가 연대한 활동으로 이어졌다. 이후 변화된 환경과 정세 속에서 활로를 모색하던 민중교회들은 생명평화기독연대로 모여 오늘에 이르고 있다.

5. 인천지역 기독노동자연맹과 인천 민주화운동

인천 민중교회를 중심으로 활동하던 노동 형제들인 백마교회의 이형곤, 샘터교회의 이예교를 비롯한 이태형, 전용철 등이 초창기의 인천지역 기독교노동자연맹을 조직하게 되어 1985년 12월 2일에 구월동 청신제일교회에서 인천지역 기독노동자연맹 창립 예배를 드리게 되었다.

인천지역 기독노동자연맹 창립선언문

연 성장 10%의 화려한 경제성장의 밑바닥에서, 선진 조국 창조의 허울 좋은 구호 아래서 우리 노동자들의 노동 현실은 노예적인 삶 속에 고통받고 있다. 세계에서 가장 높은 산업재해와 직업병, 세계에서 가장 긴 노동시간, 특히 제5공화국 출범 이후의 지속적인 실질임금의 하락으로 나타나는 생활고, 기업주와 결탁한 권력들의 조직적인 폭력, 해고, 노동운동가의 구속, 대량 감원의 위협 속에서 우리는 이 땅에서 노동자로 산다는 것이 얼마나 많은 인간의 권리와 인간다운 생활의 포기를 강요하는 것인가를 알고 있다. 또한 우리는 그것이 자본과 권력의 결탁으로 나타난 구조적인 억압임을 알고 있다. 노동법 개악과 민주노조 파괴로 그 첫걸음을 내디딘 현 정권은 과중한 외채 도입과 수입 개방 정책으로 외국 독점 자본의 이익을 보장해 줌으로써 국민경제 파탄으로 노동자의 생존권을 위협하고 있다.

최근 대우자동차 임금 인상 투쟁, 구로 지역 민주노조의 임금 인상 투쟁과 그 성과에 대한 악랄한 탄압, 파괴, 구속 사태는 권력의 본질을 8백만 노동자 앞에 낱낱이 폭로하였다. 그러나 우리는 이러한 탄압에 좌절하지 않고 과감히 맞서 싸운 인천지역 노동삼권쟁취, 가두 투쟁, 구로 지역 6월 동맹파업에서 보여주었듯이 보다 굳건한 조직과 투쟁력으로 전체 민중과 연대하여 끝까지 싸워나갈 것이며, 이 싸움을 통해 노동자를 억압하는 사회구조적인 모순을 타파해 나갈 것이다.

인천지역 노동자들은 광주항쟁 이후 지역 노동운동과 노동자들의 투쟁 조직이 얼마나 중요한 것인가를 경험하였다.

최근 인천지역 노동운동 중 대림통상, 경동산업, 한영알미늄, 대림자동차, 범한무전 등 선진 단위 사업장의 투쟁을 지역에 강한 연대와 조직을 통해 발전시켜야 함을 인식한다.

이에 우리는 인천지역이 가지고 있는 객관적인 조건 속에서 지역의 노동문제 해결을 과제로 설정하고, 노동운동의 진행을 통해 전체 운동에 기여하는 부문 운동임을 확인한다.

인천지역 기독노동자연맹은 그리스도의 복음 정신에 따라 인천지역 노동운동 발전을 통하여 노동자의 경제적, 사회적, 정치적 지위 향상을 도모하고 진정한 민주 노동 사회를 건설하기 위한 노동자 조직이다.

우리는 노동자 예수의 삶의 모습이 곧 우리가 지향하는 민주 노동 사회 건설의 표상임을 확인하고 기독 노동자들의 단결된 힘으로 노동자가 주인 되는 미래사회를 향해 끝까지 싸워나갈 것이다.

우리는 이제 그리스도의 고난의 십자가와 우리 노동 선배의 고결한 삶을 본받고, 기독 노동자로서 민족의 앞길을 확연하게 밝히는 노동의 횃불로 승화하여 하나님 나라를 이루기 위한 최후의 일각까지 굳건한 동지애와 믿음 속에서 투쟁할 것을 선언한다.

노동자 만세! 노동운동 만세!! 인천지역기독노동자연맹 만세!!!

「인천지역 기독노동자연맹 창립선언문」(1985)

인천지역 기독노동자연맹 주최로 충북 금강유역 매포수양관에서 인천, 부천 지역 노동자 350명이 참석한 가운데 노동자 여름수련대회를 8월 1일 개최하였다. 이날 물에 빠진 동료를 구하려다 박용선, 유인식, 김현욱, 이대용 등 4명의 노동 형제들이 사망하였다. 이 사건으로 인하여 인천 기노련을 비롯하여 인천 기독교 운동 전체가 어려움을 겪었다.

그러한 가운데 한국기독노동자인천지역연맹 유동우 의장과 인천지역해고노동자협의회 오순부 회장, 기독교도시산업선교회의 박일성 총무, 인천지역민주노동자연맹의 조금분 대표 등이 인천지역 민주노조건설 공동실천위원회를 8월 21일 창립하여 민주노조 조직에 기여하였다.

인천지역 기독노동자연맹은 1991년 8월 3일부터 5일까지 경기도 가평군 대성리 등나무 캠프장에서 "사람 낚는 어부가 되자"라는 주제로 제3회 인천기독노동자 여름수련회를 개최하였다. 1991년 12월 22일 인천지역 기독노동자연맹은 백마교회에서 20여 명의 재건회원과 70여 명의 회원, 기독교 인사, 지역 인사들이 참여한 가운데 제3차 재건결성대회를 개최하고 사무실을 북구 청천 2동 179-15 소재의 백마교회에 두기로 하고 다음과 같은 결성 선언을 하였다.

"작은 예수의 소명을 받은 인천지역 기독노동자연맹은 분단된 조국을 7천만 겨레의 염원에 따라 자주적 평화통일을 이룩하는 데 앞장서 나갈 것이다. 하나님의 이름으로 모이는 모든 교회의 참 신앙 정립과 민족 민주적 갱신을 위해 최선을 다할 것이다. 생산과 역사의 주체인 노동 형제들의 사회 정치적 지위 향상을 위해 헌신할 것이다."

인천지역 기독노동자연맹은 1993년 6월 10일 예비군훈련 도중 발생한 폭발사고로 19명이 사망한 사건에 관련해 해인교회에서 6월 19일 '6.10 예비군 참사 추모 예배'를 개최하고 사망자 중에 해인교회의 입교인으로 인천지역 기독노동자 연맹 회원으로 활동하던 한병학이 포함되어 있는 것을 확인하고 이 사건에 관련하여 진상규명을 촉구하며 시민대책위원회를 구성하였다.

1993년 9월 9일 인천노동선교문화원 간사로 일하던 임혜란이 백혈병으로 사망한다. 임혜란은 1965년 4월 17일 서울에서 1남 2녀 중 장녀로 출생하여 1984년 숭의여자고등학교를 졸업한 후 고려대학교 가정교육과에 입학하여 고려대학교 기독학생회에서 활동을 시작하였다. 1988년 노동운동을 위해 대학교를 중퇴하고 인천에 내려가 링크시스템에 입사, 1989년 대한트랜스㈜에 입사하여 민주노동조합을 결성하고 활동하다가 1990년 노동쟁의와 관련해 해고당하고, 6개월간 옥고를 치르고 집행유예로 풀려난 뒤 1991년 인천노동선교문화원 창립에 참여해 일해 오다가 1992년 9월부터 백혈병으로 투병 생활을 시작해 1993년 9월 9일 사망해 경기도 마석 모란공원에 안장되었다.

7월 6일 원풍물산 해고노동자들이 중심이 되어 설립한 미모사에 화재가 발생해서 김주리가 화상을 입고 치료를 받다 8월 8일 사망하였다. 김주리는 1964년 2월생으로 전남 목포에서 출생하였다. 1982년 이화여자대학교 정치외교학과에 입학 후 대학을 졸업한 다음 유진상사 등 봉제공장에서 활동하다가 해고되었다. 1992년 해고자들과 함께 청천동에 미모사라는 봉제 하청 공장을 설립하여 운영하다가 1993년 7월 6일 가스폭발로 화상을 입고 한강성심병원에 입원 치료 중 사망하였다.

인천지역 기독노동자연맹은 1993년 11월 20일 백마교회에서 제2기 총회를 통해 회장에 정동근, 사무장에 김지석 등을 선출하였다. 1994년 1월 9일 해인교회 목회자가 사임한 상황에서 전 교인이 참석한 가운데 '해인 교회 정상화를 위한 대책위원회'를 결정하고 정동근이 대책위원장을 맡고 인천 기독노동자연맹 사무실을 등장한 명은 사무실을 백마교회에서 해인교회로 옮기게 된다. 인천 기독노동자연맹, 인천노동조합운동연합, 인천지역 노동조합 협의회 사무실에서 1994년 1월 19일 범민련 남측 준비위원회 사무처장 신정길 등을 초청해 통일운동에 관한 토론회를 개최하였는데 인천지역 '선진 노동자' 18명이 참석하였다. 인천지역 기독노동자연맹은 1994년 3월 19일에서 20일까지 14명의 회원이 참여해 부평역, 작전동, 효성동 등지에서 '쌀과 기초농산물 수입 개방 반대 서명운동'을 전개하였다.

노동운동의 탄압이 극심하였던 시절 노동자 조직의 외피를 감당하기도 하였던 인천지역 기독노동자연맹은 그 역할과 역사적 기여에 대하여 정당한 평가를 받아야 하며 이는 기독교 운동 내외에 부과된 과제이기도 하다.

6. 인천 목회자정의평화실천협의회와 인천 민주화운동

전국목회자정의평화실천협의회에 참여하고 있던 목회자들이 주동이 되어 인천, 부천 지역의 30~40대 젊은 목회자들을 중심으로 1988년 11월에 인천부천지역 목회자정의평화실천협의회가 창립되어 박동일 목사가 회장으로 취임한다. 인천지역의 범시민적 과제들은 인천지역 기독교목회자협의회(회장 최세웅 목사, 황규록 목사)를 통하여 참여하고, 민족민주운동의 차원에서 풀어야 할 과제들은 인천부천지역 목회자정의평화실천협의회에서 감당하고 민중 운동의 차원에서 주어진 과제들은 민중교회연합에서 담당하는 분담 체계가 운영되었다.

1989년 인천지역 인사 39명이 전국교직원노동조합 출범 지지 선언을 하게 되는데, 여기에 목사로서 100주년교회 박동일, 부천교회 성양권, 성공회 내동교회 박종기, 제2동인교회 이진, 송림사랑방교회 박종렬, 인항교회 김달성, 백마교회 신철호, 소성교회 김상목, 새역사교회 박승태, 샘터교회 김성복, 새봄교회 이원희, 삼일교회 이재천 등이 지지 선언을 위한 서명을 하고, 6월 29일 인천지역 각계 인사들이 모여서 목요회를 창립하게 되었다. 이 목요회 모임에는 초창기에 홍순욱 목사 등도 참여하였으나 지속적인 참여를 이루지 못하였다.

1989년 12월 10일, 전국교직원노동조합은 인천제일감리교회(담임 이규학)에서 334명의 대의원이 모인 가운데 제2차 임시대의원대회를 개최하고 전교조 조직이 탄압 이전의 수준으로 회복되었다고 공식 선언한다. 1990년 6월 10일 박종기 신부, 이진 목사, 인하대학교 임명방 최원식 정요일 교수, 신맹순 전국교직원노동조합 인천지부장 등이 답동가톨릭회관에서 기자회견을 개최하고 인천지역 각계 인사 157명이 범민주세력 통합 야당 결성추진 운동에 서명했다고 밝혔다.

민주주의민족통일 인천연합 양재덕 상임의장과 인천지역 목회자정의평화실천협의회 김성복 공동의장 등 10여 명이 1992년 7월 21일 주안동에 있는 인천연합 사무실에서 지방자치단체장 선거 실시를 촉구하며 7월 25일까지 시한부 단식농성에 돌입하였고, 1992년 10월 23일 인천지역 노동조합협의회는 샘터교회에서 정기 대의원대회를 열고 의장에 최동식 남일금속 노동조합 위원장을 재선출하였다. 생태 환경운동에도 참여하여 생태 숲을 보전하기 위한 골프장 건설 반대 운동도 전개하였다. 1992년 1월 24일, 계산중앙감리교회에서 계양산 살리기 범시민운동추진위원회 결성대회를 개최하였다. 윤인중 목사는 나무 위에 올라가 항의 시위를 하였다.

1994년 12월 22일, 인천지역 각계 인사 419명은 정부의 굴업도 핵폐기장 건설 결정에 반대하며 핵폐기장 대책 범시민협의회를 결성하였고, 1995년 1월 24일 인천 앞바다 핵폐기장 대책 범시민협의회가 경기은행 본점 대강당에서 800여 명이 모인 가운데 결성대회를 개최하였다. 굴업도에 활성단층이 발견되어 중단되었지만, 정부의 무모한 시도로 인하여 덕적도 주민들이 찬반 세력으로 분열되어 갈등을 겪었으며, 오늘까지도 치유되지 못한 상황이다.

인천시민 문화대동제

샘터교회 아동부의 노래 발표

사랑하고 존경하는
기독교대한감리회 중부연회 회원 여러분!

지난 4년 전 중부연회 감독 선거에 출마했던 샘터교회 담임목사 김성복입니다. 저는 오늘 4년 전 출마 당시에 여러분과 약속한 것을 지키게 되었음을 분명히 말씀드리고자 합니다.

첫째로 저는 2년 전의 선거에 출마하지 않았습니다. 아울러 저는 지금으로부터 중부연회 감독 선거에 출마할 것을 선언하는 바입니다. 제가 중부연회 감독에 출마하고자 하는 이유는 단순 명약관화합니다. 그것은 감리교회가 개혁이 되어야 하며, 이 일에 소자가 기여할 수 있다는 판단이 있기 때문입니다.

먼저 저는 모든 감리교의 교역자들이 안정된 생활 속에 목회 사역에 전념하기 위하여 최저생활보장 기준연봉제를 준비하였습니다. 모 감독 회장 후보의 호봉제가 보다 더 치밀하고 현실적이지만, 감리교 실정에 맞는 대안은 기준연봉제라고 생각합니다. 이의 실현을 위하여 연회 감독에 출마하고자 합니다.

둘째로 저는 은퇴 후 모든 교역자가 품위 있는 노후 생활을 위하여 지금의 은급제도를 확고히 하며 더 나아가 한 해에 2만5천 원씩을 지급하는 것은 3만 원으로 인상할 수 있는 혜안이 있다는 것입니다. 2년 후에 후보 등록 후 발표할 것입니다. 이 안은 충분히 실현 가능한 안으로서 대안이 될 것입니다.

저희 집안 할아버지(종조부)되시는 고 김광우 목사님께서 중부연회 연회장을 역임하시고 은퇴하셨습니다. 그런데 저까지 나서서 정동파의 재건을 하는 것이 아닌가 하는 의심을 하시는 분들이 계십니다. 저는 파벌 정치를 배척합니다. 아울러 참모 없는 단기필마의 선거운동을 할 것입니다. 평신도를 동원하지도 않고 심지어는 목회자도 세불리기를 위하여 참모로 동원하지 않겠습니다. 물론 향응 제공을 비롯하여 일체의 금품매수도 하지 아니할 것입니다.

때가 찼습니다! 저는 35년 전 십정동 부흥촌에 샘터교회를 개척하여 오늘까지 성실하게 목회하였습니다. 이제 한국 감리교 백삼십년에 개혁적이며 진보적인 감독이 나올 때가 되었다고 봅니다. 제가 하는 모든 선교 목회 사역을 종북좌파로 매도해서는 안 될 것입니다. 저는 성령께서 주관하시는 대로 오늘도 내일도 모레도 당당하게 걸어갈 것입니다. 2년간 기도해 주십시오. 끝까지 읽어 주셔서 감사합니다. 참으로 고맙습니다

「본헤럴드」 2018. 08. 01.

[금요초대석] 김성복 인천 샘터교회 원로목사

지난 1일 오후 인천에서 팔당 물길과 첩첩산중을 지나 경기도 양평군 옥천면 용천3리로 들어섰다. 푸름에 둘러싸여 고요한 산기슭에 김성복(62) 샘터교회 원로 목사가 기거하는 집이 서 있다. 자그마한 텃밭에는 무언가 심은 흔적이 가득했다. 손수 팠다는 연못에는 잉어와 개구리가 노닐었다. 얼마 전에는 기니피그를 길렀다가 50마리까지 불어 다른 곳에 분양했다고 한다. 그가 치열하게 싸웠던 독재, 불의, 신자유주의와는 거리가 먼 장소였다. 그가 말했다. "욕심부리지 말고 먹을 만큼 농사지으면 정말 맛있지요. 배추도 맛있고, 무도 맛있고. 가끔 교회 아이들이 오면 묵었다 가라고 합니다."

그는 지난달 28일 평생을 바친 샘터교회에서 은퇴했다. 학생 시절 민주화운동에 투신한 뒤 36년 전 십정동 부흥촌에 개척교회를 내고 '민중 신앙'을 실천하던 그였다. 가장 가난한 이들이 사는 곳에 마땅히 민중교회가 있어야 했다. 민주화, 통일, 인권, 환경, 공동체가 화두였다. 치열한 삶 때문일까. 건강은 좋지 않았다. 이른 은퇴를 결정한 까닭도 그 때문이다. 인천 5.3 민주항쟁을 앞두고 그의 삶과 우리 사회의 과제에 대해 물었다.

그는 1957년 대부도에서 태어났다. 어린 시절에 인천에서 '유학'

했다. 창영초, 인하부중, 제물포고를 졸업하고 재수해서 1977년 연세대에 입학한다. 대학에서 만난 기독학생회는 그의 인생을 송두리째 바꿨다. 사회 참여를 고민할 수밖에 없었던 시대였다.

소위 의식화 서클이었죠. 체육관에서 대통령을 뽑을 때였어요. 전제 국가, 독재 국가였죠. 어쩌다 보니 1학년 2학기에는 데모 현장에서 선봉에 서 있더라고요. 경찰이 제 사진을 찍었는지 정보과 형사들이 따라붙곤 했죠.

그는 1980년 5.18 광주민주화운동을 며칠 앞둔 5월 13일을 기억하고 있다. 연세대 학생들이 학교 밖으로 진출해 궐기했을 때다. 그는 광화문 코리아나호텔 앞에서 경찰에 붙잡혔다. 대의원회 총무였을 때다. 병원에 급히 입원할 정도로 지독한 폭행이 뒤따랐다. 후유증은 아직도 몸에 남아 있다.

그는 졸업 후 1983년 십정동에서 샘터교회를 개척하고, 1986년 목사 안수를 받는다. 민중신학을 고민하던 그에게는 필연이었다. 십정동 부흥촌 산 25번지에 보증금 200만 원, 월세 5만 원의 만화 가게가 매물로 나와 있었다. 20명만 들어가도 꽉 들어차던 공간이었다.

추운 겨울날이었어요. 만화 가게가 비어 있다고 해서 계약했죠. 주변 교회를 찾아가 양해를 구했는데, 하지 말라고 말리시더군요. 교회가 들어갔다가 망해서 나오는 곳이라고. 과연 견딜 수 있겠느냐고 물으셨어요. 그래도 민중교회는 마땅히 가장 가난한 곳에 있어야 했어요.

그는 1986년 인천 5.3 항쟁에도 함께 했다. 샘터교회에서 목사로 일하던 때다. 교인들과 함께 주안 시민회관 앞으로 향했다. 그곳은 민주화, 민주헌법 쟁취를 비롯해 미제 축출, 파쇼 타도, 노동 혁명을 이야기하던 '용광로'였다.

좀 있으니 최루탄이 날아오더군요. 주안역으로 도망치는데, 담이 무너져서 깔려 죽을 뻔했어요. 항쟁 이후 국민 직선제 개헌이 물 건너가는 것처럼 보였어요. 하지만 박종철 열사가 남영동에서 고문받아 돌아가시면서 달라졌죠.

1987년은 기도회를 열고 투쟁했던 시기다. 그는 문익환 목사를 모시고 박종철·이한열 열사를 살려내라고 부르짖었다. 지금도 이한열 열사의 장례식을 생각하면 눈물이 난다. 하지만 노태우 대통령이 당선된 대선 결과는 모두를 실의에 빠지게 했다. 대중과 함께하지 않았다는 뼈아픈 반성이 함께 했다.

인권운동, 평화통일 운동으로 제 방향을 정했지요. 대중보다 반발만 앞서간다, 이렇게 생각했죠. 생활협동조합 운동도 시작하고, 한반도 평화통일을 염원하는 인천시민 모임도 했어요.

그는 1980년대 이후 통일운동, 민주화운동, 인권운동에 투신했다. 인천을 뒤집어 놓았던 선인학원 시립화 투쟁과 굴업도 핵폐기장 반대 운동에도 함께 했다. 세상을 바꾸기 위해 끊임없는 실천을 이어갈 때다.

연안부두에서 굴업도 핵폐기장 반대 집회에 나갈 때였어요. 어르신들이 겨찰에게 맞는데 옛날 학생운동 하던 가닥이 나오더군요. "야, 이놈들아, 뭐 하는 짓이냐." 욕설도 자연스럽게 나왔고요. 경찰에 연행도 됐는데 성탄절 준비하라고 풀어주더군요. 미군 부대 공원화 추진협의회 활동도 기억나요. 미군 철수를 외치던 그룹과 갈라섰지만, 대중보다 반걸음 앞서간다는 생각에 공원화 추진협의회에 몸을 실어서 일했죠.

그는 민족화해협력범국민협의회에서 활동하다가 이른바 간첩단 '왕재산 사건'에 휘말려 고초를 겪기도 했다. 왕재산이라는 단체를 결성해 간첩행위를 했다는 혐의가 씌워져 활동가들이 대거 조사를 받았다. 결국 법원은 일부 인사에 대한 이적 혐의만 유죄로 인정하고, 왕재산이라는 단체 결성 혐의에는 무죄 판결을 내렸다. 그는 통일운동에 손을 끊고 싶을 정도로 힘들었다고 회고한다. 최근에는 국정원 댓글 조작 사건을 파고들며 박근혜 대통령 퇴진 운동에도 나섰다.

주변 사람들은 그를 '천부적인 선동가'라고 부른다. 설교를 잘했기 때문이다. 사람들은 선동을 나쁜 단어라고 생각한다. 하지만 선동은 대중의 몸과 마음을 움직이게 하는 힘이 된다.

선동을 이성적 판단을 마비시키는 측면으로만 보는데, 사실 그렇지 않아요. 마음을 사로잡고 움직이게 해야 합니다. 자본으로 인해 인간이 존엄성을 상실한다면 그에 저항해야 합니다. 주체는 민중이지요. 반인간적 사회구조 속에서 인간이 신음한다면, 하나님이 같이 신음하고 계신 거죠.

촛불혁명 이후 우리는 어디로 나아가야 할까. 그는 공정한 시스템, 공정한 사회가 필요하다고 말한다.

우리나라는 세계적으로 주목받고 있죠. 근대화 200년을 겨우 50년이라는 짧은 시간에 해냈어요. 민주주의와 인권에서도 세계의 모범이죠. 세계 인민에게 희망을 주는 나라가 돼야 해요. 그러려면 공정한 경쟁을 바탕으로 시스템이 갖춰져야 합니다. 파벌과 인맥이 좌우하는 세상이 되면 최고의 실력을 가진 사람들이 일하기 어렵죠.

인천과 「인천일보」를 위한 조언도 아끼지 않았다. 무엇보다 '주인의식'과 '열린 마음'을 가져야 한다고 지적한다.

인천에서 사는 사람들이 주인의식을 가지고 열린 마음으로 함께 일하는 사람을 포용해야 합니다. 능력 있는 사람에게 자리를 내줄 필요도 있어요. 주인 의식과 열린 마음을 가지고 인천 시민운동을 비롯한 각계 모든 분야가 발전했으면 좋겠네요. 「인천일보」도 인천을 중심으로 지역 언론의 중심이 돼줬으면 좋겠어요. 방송국도 크게 만들기 위한 시민운동도 고민했으면 좋겠네요.

「인천일보」 2019. 05. 03.

김성복 샘터교회 원로목사
"역사적 가치 자리매김을"

1986년 5월 3일, 주안역사 담벼락이 무너졌다. 이날 정오쯤 인천 미추홀구 주안동 옛 시민회관 앞에서 자리를 튼 시위대는 경찰이 앞세운 최루탄에 서울지하철 1호선 주안역 일대까지 밀려났다. 매캐한 연기에 어쩔 줄 모르던 시위 참가자들이 담을 넘기 시작했는데, 담벼락이 이 무게를 이기지 못했다. 돌무더기가 샘터교회 김성복 원로목사 발 앞에도 쏟아졌다. 한두 걸음 앞서 도망쳤다면 김성복 목사는 크게 다쳤거나 비명횡사했을 수도 있다. 인천 5.3 민주항쟁 당시 경찰 진압 과정은 이렇게 가혹했다.

김성복 목사가 인천 부평구 십정동에 샘터교회를 개척하고 3년째 되던 1986년 5.3 항쟁 때, 시위 현장에 있었던 건 그가 연세대 김찬국 교수와 서남동 교수에게 민중신학을 배운 탓이 크다.

김성복 목사는 "시위를 주도하던 단체가 있었고, 대통령 직선제 쟁취에 뜻을 같이한 민중이 시위에 나섰다. 나는 이 가운데쯤 되는 위치였다. 직선제를 염원하는 신도들과 항쟁에 참여했다. 그날은 온종일 경찰에 쫓기는 날이었다. 최루탄이랑 돌멩이까지 아주 아수라

장이었다"고 회상했다.

그는 5.3 항쟁에 기독교와 민중교회 차원으로 동참했다. 전체적인 준비와 기획은 인천지역사회운동연합(인사련) 등이 중심인 상황에서 김성복 목사는 정식 소속 신분은 아니었고, 함께 이야기할 사안이 있을 경우에만 참석하면서 시위 관련한 의견을 나눴다고 한다.

"5.3 항쟁 현장에는 다양한 목소리들이 있었지만 공통된 요구는 국민이 대통령을 직접 뽑을 수 있도록 직선제를 하라는 거였다. 여기에 대한 저항이나 개혁 갈망이 인천에서 터진 셈"이라며 "이 항쟁이 기틀이 돼 1987년 민주화 투쟁이 꽃을 피웠다고 본다. 같은 해 대선 후보가 단일화했으면 하는 아쉬운 부분도 있다"라고 평가했다.

지난 2019년, 인생 절반 넘는 세월을 바친 샘터교회에서 은퇴한 김성복 목사는 3년 가까이 경기도 양평군에서 지내고 있다. 감자나 옥수수, 딸기를 키우는 농부로 살고 있다. 대부도에서 태어나 학창 시절 인천으로 유학 오고 줄곧 인천 사람으로 있었던 그는 모처럼 외부에서 인천을 바라보는 중이다.

"아무래도 인천에는 토박이들이 많지 않아서 5.3 항쟁이 비슷한 시기 있었던 여러 항쟁보다 조명을 덜 받는 게 아닌가 싶다. 꼭 이번 사안이 아니더라도 인천 시민들 스스로 주체 의식을 높일 필요가 있다. 유신을 끝장낸다는 투쟁으로 큰 역할을 했던 것이 인천 5.3 민주항쟁이다. 역사적 가치로 자리매김해야 한다"며 "최근 민주화운동 유공자와 가족에게 취업 혜택을 부여하는 등 내용을 담은 법을 만들자는 얘기가 나오고 있다. 우리나라 근현대사를 보면 나라 기틀을 세운 큰 기둥 세 개가 있다. 항일 독립운동가들과 산업화 과정에서 노력했던 노동계급, 현재 민주주의 체제를 만든 민주화운동 유공자다. 이들에 대한 예우를 소홀하게 하면 나중에 국가가 비슷한 위기에 처했을 때 누가 나서겠느냐. 5.3 항쟁 박물관이나 기념관 제안들이 나오는데 이런 맥락에선 바람직하다고 본다."

「인천일보」 2021. 04. 30.

생태 영성 · 평화 영성 · 청빈 영성 운동

경기도 양평에서 예림영성원(양평군 옥천면 용천리 294-1)을 운영하는 김성복 목사(기감, 부평 샘터교회)는 지난 34년을 올곧은 목회의 한 길을 걸어왔다. 그의 목회를 한마디로 표현하면 '생명 목회'라고 할 수 있다. 또한 그는 자신의 34년 목회 활동에 대하여 사회 성화 목회라고 규정한다. 그는 이 땅의 고통받고 신음하는 이들의 편에 서서 인권회복 사회복지와 생태환경 회복 운동에 참여하는 목회를 한평생 일관해 실천하였다.

그는 내년 2018년에 기독교대한감리회 중부연회 감독 선거에 다시 도전하고, 당선되면 2년 후에, 낙선되면 2019년에 은퇴하기로 생각을 굳혔다고 한다. 물론 내년 중부연회 감독 선거도 3년 전과 마찬가지로 돈은 한 푼도 안 쓰고 운동할 것이라고 한다. 아울러 하나님이 살아 계심을 확인하는 기회가 될 것으로 천명하였다.

그리고 은퇴 후에는 예림영성원 원장으로 현역 목회자들의 영성 회복을 돕고 생태 영성 · 평화 영성 · 청빈 영성의 운동을 펼쳐나갈 것이라고 한다.

「본헤럴드」 2017. 05. 21.

민주화운동 앞장선 샘터교회
김성복 목사 은퇴 예배

1980~1990년대부터 민주화 및 통일운동에 앞장서 온 샘터교회(부평구 십정동) 김성복 목사가 은퇴했다.

대한감리회 샘터교회는 28일 오후 김성복 목사가 지난 36년 동안 일궈온 샘터교회 본당에서 '김성복 원로목사 추대 및 윤요한 담임목사 취임 예배'를 가졌다.

김 목사는 전국목회자정의평화실천협의회 총무 및 상임의장, 민주평화통일자문회의 상임위원 등을 역임하며 민주사회와 통일 · 평화운동에 헌신해왔다. 최근 건강이 좋지 않아 샘터교회 부목사인 윤요한 목사에게 담임목사 자리를 인계했다.

원로목사 추대 예식에는 전국목회자정의평화협의회 백광모 공동의장과 오용호 부천 중2동성당 신부, 민주화운동 기념사업회 정진우 상임부회장(목사)이 축사 및 격려사를 했다. 이 자리에는 교회 신자 및 교계 인사들과 인천지역 시민운동 및 민주화운동 관계자 등 350여 명이 참여했다. EYC인천기독교청년 동지회 회원 10명이 축가를 불렀다.

이에 앞서 진행된 1부 예배는 동인천교회 이충호 목사의 사회로 생수교회 차준철 목사와 샘터교회 조유순 장로, 한강중앙교회 유요한 목사가 기도와 성경 봉독, 설교를 하고, 김 목사의 사위인 최현철 집사가 특송을 했다.

「인천in」 2019. 04. 29.

'히끼리' 김광우 목사를 추모하다

신경하 감독, "고인의 신앙 유산과 교회 사랑,

그리고 개혁 정신 이어가길" 설교

감리교 망실 재산 공청회도 이어져

1. 호헌파에서 정동파 '히까리' 김광우 목사를 추모하다

감리교 총리원 시절 교육국, 전도국, 사회국의 총무 역임, 정동제일교회 담임, 지금의 서울 · 경기 · 인천지역인 중부연회의 연회장 등 감리교의 요직을 두루 거치는 동안 협성대학의 전신인 삼일학원을 설립하고, 일제 때 폐쇄된 100여 개의 교회를 복구하였으며, 6.25 전쟁 피해 복구를 위해 미국으로부터 기금 120만 불을 들여와 재건에 힘썼고 이후 삼농원 복음농민학원, 삼일학원 기술고등학교, 국제대학 등을 설립, 배화, 공주영명학교 등을 일으키면서 당시 감정가 300억 원대가 넘는 재산을 감리교 앞으로 형성해 놓는 등 그 공적이 혁혁한 고 김광우 목사의 21주기 추모 예배가 오늘(17일) 오후 5시 강화중앙교회에서 드려졌다.

이번 추모 예배가 특별한 이유는 김광우 목사가 일제강점기와 해방 그리고 6.25 동란, 4.19, 5.18 등의 험난한 한국사의 한복판에서 한국감리교회의 민족성 고취와 부흥 그리고 학원 설립과 망실 재산 회복 등 감리교회를 일으켜 세우는 데 일생을 바쳤음에도 합당한 평가를 받지 못하거나 기독교대한감리회 내에서 추모 예배가 없다가 이번에 감리교회 지도자들과 목회자들이 참여한 가운데 처음으로 추모 예배가 드려지며, 김광우 목사의 일생이 재평가되는 기회가 되었다는 데 있다.

'히까리' 김광우 목사는 감리교 정치사에서 소위 정동파의 수장으로 자리매김되며 호헌파, 성화파 등과 애증의 역사를 만들어 왔다. 이날 추모 예배에서 설교한 신경하 감독이 호헌파에 속한다고 볼 때 호헌파가 정동파 수장을 추모했다는 데서 시사하는 바가 크다. '히까리'는 당시 정치적 함수관계 속에서 불린 '빛'을 뜻하는 김광우 목사의 별명이다. 그는 해방 직후 감리교회가 복흥파와 재건파로 나뉘었을 때 친일 행적으로 비난받던 복흥파가 교권을 쥐려 하자 반기를 들기도 했다.

2. 신경하 감독, "고인의 신앙 유산과 교회 사랑 그리고 개혁 정신 이어가길" 설교

신경하 감독은 추모 예배의 설교에서 "김광우 목사님 같은 지도력을 그리워하는 것은 온갖 이해관계가 난무하는 교회 정치에서 그분의 삶을 통해 보여주신 발자취와 거룩한 유산 때문이다. 그분은 감리교회의 사표로서 존재했고 참으로 당당하게 감리교회를 지키고자 했다"고 회고했다.

김광우 목사는 1963년 정동제일교회에 부임하여 10년간의 목회를 마치고 사임할 때나 중부연회장의 임기를 도중에 스스로 마쳤는데, 이유는 모두 정치적 음해와 시기 때문이었다. 신경하 감독은 이를 두고 "김광우 목사님의 목회 반세기는 부름에 대한 응답에 적극적이셨고 물러남도 깨끗하셨다. 나아갈 때와 물러날 때가 분명하셨다"고 평가했다.

이어 신경하 감독은 김광우 목사가 회고록에서 "지금 뼈아픈 것은 지도자의 빈곤이다. 바른 지도자를 만났더라면 감리교가 이렇게 몰골사납게 황폐화되고 타락하지 않았을 것이다"라고 언급했던 구절을 소개하며 "요즘 감리교회 모습을 예견하신 것 같다. 요즘 감리교회는 교권을 둘러싸고 '내가 먹든지 남이 못 먹든지'의 패거리 다툼 상황"

이라고 꼬집으며 "고인의 신앙 유산과 교회사랑 그리고 개혁 정신이 계속 이어가길 기대한다"는 말로 설교를 마쳤다.

3. 지인들의 증언

김광우 목사의 유고집을 내며 말년을 지켜본 김대구 권사는 김광우 목사의 생전의 모습을 담은 영상과 육성을 들려주며 "그분은 소위 감리회의 '왕따'셨다. 돌아가실 때도 외로우셨다"고 증언하며 "옳은 길에 서려다 보니 그렇게 됐다"고 평가했다. 김대구 권사는 또 "네 권의 유고집에서 김광우 목사가 일관되게 말하고 있는 것은 감리교회의 잃어버린 땅을 찾으라는 것이었다. 이젠 때가 된 것 같다"며 김광우 목사의 유지를 이어갈 것임을 밝혔다. 김대구 권사는 감리교 망실 재산 조사위원으로서 추모 예배 이후 감리회 망실 재산 공청회를 진행했다.

이어 김광우 목사의 정동제일교회 재임 시 전도사로 지근거리에서 동역했던 이진주 원로전도사(90)가 추모사를 이어갔다. 이원로 전도사는 "이승만 박사가 우리 교회 명예 장로일 때 사람들이 많이 늘었다가 그분이 하야하자 그분 보고 오던 사람들이 무수히 떠났고, 당시 교회에 미국 이민 바람까지 불어 교인이 많이 줄었는데, 이를 두고 김광우 목사가 목회를 못 했기 때문이라며 교인들이 힘들게 했다. 중부연회장을 그만두실 때도 교회 정치 세력에 의해 무척 힘들어 하셨다. 곁에서 모든 걸 지켜본 나는 그분이 너무 외로워하시는 걸 보며 안타까웠다. 그분이 너무 능력 있으시고 [illegible] 사람들이 시기하는 거였다"고 증언했다.

1990년 7월 17일, 멀리 미국 땅에서 83세의 일기로 소천한 김광우 목사를 추모하기 위해 신경하 전 감독회장을 비롯하여 고수철 목사(전 서울남연회 감독), 송용길 목사 등 감리회 목회자들과 김광우 목사의 고향인 덕적도에서 온 친지들, 정동제일교회 성도들 그리고 강화 지역 국회의원인 이경재 장로 등 지역 인사들 등 50여 명이 추모 예배에 참석하였다. 추모 예배의 사회는 김광우 목사의 종손 김성복 목사(샘터교회)가 진행했다.

김광우 목사의 장녀인 김혜정 장로(한강중앙교회 원로)는 노구에 거동이 불편하여 참석하지 못했으나 추모 예배 참석자들의 식사 대접에 사용해달라며 금일봉을 전달했다. 김광우 목사의 자녀(5남 4녀)들은 대부분 미국에 거주하고 있다.

● 김광우 목사 약력

1928년	일본 와세다대학에서 정치경제학 연수
1937년	서울 감리신학대학교 졸업
1936~1940년	미국 테니스주 스캐릴대학에서 기독교교육 연수
1940~1945년	철원군 월정리 감리교회 시무
1948년	서울 원동감리교회시무, 목사안수
1949~1956년	인천지방 감리사
1956~1957년	총리원 교육국 전도국 사회국 총무
1957년	국제대학학장
1963~1972년	서울북지방감리사, 자교교회 시무
1967~1968년	서울 정동제일감리교회 시무
1973년	기독교대한감리회중부연회장

1979년	마포지방 한강중앙감리교회 개척
1980년	미국 이민
1990년	LA 우드랜드 힐스 연합감리교회 개척
1990년 7월 17일	소천

● 봉사활동

1952~1960년	연세대학교 이사
1952~1960년	배화학원 이사 및 이사장
1952~1960년	이화학원 이사
1953~1970년	서울감신대학 및 감리교대전신학 이사
1956년	기독교세계봉사회 부회장
1958-1967년	기독교대한감리회 총리원 이사
1952~1967년	기독교대한감리회 중앙협의회위원
1963~1967년	감리교 유지재단 이사 및 공주영명 이사
1963년	한국기독교협의회 회장
1964~1967년	이화학당 이화여대 이사
1964~1967년	배재학당 이사
1966~1977년	수원삼일학원 이사장
1980년	이대국제재단 이사

「당당뉴스」 2011. 07. 17.

김광우목사21주기추도예배

추도예배
오후 5시

김광우목사21주기추도예
2011년 7월 17일 오후 5시
기도
하시더니...

김광우목사21주기추도
7일 오후 5시
기도

추도예배
일 오후 5시

오후 5시

김광우목사21주기추
기도

‘강제동원’의 명백한 증거물, 조병창 병원

부평미군부대 공원화협의회를 조직하여 인간띠잇기와 걷기대회 등 비지땀을 흘리며 투쟁해 온 20년의 세월… 특히 환경오염 문제를 가지고 씨름하며 수고한 모든 이에게 감사를 표하면서 역사생태문화공원의 방향성을 말하고자 한다.

‘강제동원’으로 지어진 조병창 병원! 그 강제동원의 명백한 증거물이 철거 위기에 있다. 일본 총리 기시다를 이어서 외무상 하야시 요시마사도 역시 강제동원은 없었다고 말한다. 이제 강제동원이 있었다 아니다의 문제는 한일 간에 진실 확인 공방으로 번지게 될 것 같다.

이 한일관계의 핵심 사안인 강제동원의 증거는 인천 조병창을 지하로 만들던 과거에서 확인할 수 있다. 동북아역사재단 조건 연구원의 연구 논문 “일제 말기 인천육군 조병창의 지하화와 강제동원” 요약에 의하면 1941년 5월에 문을 연 인천육군조병창에 지하화라는 방침이 정해졌고, 1945년 3월에 구체적으로 계획되고 수평으로 굴착한 지하 시설에 주요 생산 시설을 은닉하려는 시도가 있었다고 하는 것을 확인할 수 있다. 이에 일제는 조병창의 지원을 위해 수많은 조선인을 강제동원한 것이다.

인천육군조병창 측이 작성한 동원 계획에 따르면 지하 시설 건설을 위한 인력이 4천 명이었다고 한다. 향후 조병창 지하화와 관련한 유적의 지속적인 조사와 연구, 강제동원 피해에 대한 규명이 계속되어야 한다.

인천의 시민사회단체들은 말한다. "인천시 부평구에 있었던 인천육군조병창은 1941년 개창해 1945년 8월 일본이 패망할 때까지 무기를 생산했던 일본 육군의 군사시설이다. 현재 캠프마켓과 부영공원 등 부지 약 115만 평에 해당한다. 일본이 식민지 조선에 육군조병창을 설치하게 된 것은 1937년에 일으킨 중일전쟁이 1939년에 수렁에 빠지면서 중국 전선에 무기를 보급해야 할 시급한 상황에 처했기 때문이다…"

1941년 5월 5일 개창식을 한 인천육군조병창도 일본 육군조병창 편제의 기준에 따라 병원을 함께 개설했다. 일본 자료 「1945년 인천조병창 상황보고」에 따르면, 조병창 병원에서는 '조병창 소속 직원은 물론 가족의 보건 지도를 적극 과감하게 실시'했다. 1945년 초에는 야간진료를 개시할 정도로 중요한 곳이었다. 1945년 9월 미군이 인천육군조병창 자리를 접수해 에스컴 시티로 명명한 후 조병창 병원은 382 위수병원으로 사용했다. 400병상 규모로 알려져 있다. 현재 서울대병원이 600병상이라고 하니 그 규모를 알 수 있다.

이에 시민사회단체들은 역사공원으로서 이 병원 건물을 보전하자고 주장한다. 지난겨울 영하 20도의 추위에도 불구하고 천막농성을 진행해 온 그들의 충정과 선의를 받아들여야 한다고 생각한다.

반면에 부평동과 산곡동 주민 일각에서는 모든 건물과 나무들을 들어내고 허허벌판에 호수공원을 만들자는 주장을 하고 있다. 아니

될 일이다. 부산의 하야리아 미군 부대를 반면교사로 교훈을 얻어야 한다. 그 부대처럼 반환받은 곳을 황량한 공간으로 만들어 놓은 일이 결코 반복되어서는 아니 될 것이다.

캠프마켓은 현재 모습 그대로인 자연과 생태계를 파괴하지 않는 생태공원이 되어야 할 것이다. 청설모와 맹꽁이가 살아있는 공원으로 가야 한다. 건물들도 토양오염 정화를 위한 것이 아니고서는 그대로 놔둔 채, 공간 활용이 되기를 바란다. 예를 들어 빵 공장 건물도 소규모 극장으로 개조하여 문화시설로 사용했으면 좋겠다. 무조건 부숴버리고 뭉개버리는 것이 능사가 아니다.

특히 지하 토굴은 사람이 드나들 수 있도록 버팀목으로 지지하여 통로를 만들고 통풍이 잘 되도록 공기를 주입하여 역사박물관으로 다시 태어나게 해야 한다. 실무자의 보고에 의하면 지하에 물이 고여 있어 조사를 더 이상 전진하지 못한다고 하는데, 한심하다는 생각이 든다. 인천시에 양수기가 몇 대인가? 소방관서의 도움이면 일주일 안에 다 뽑아낼 것이다.

현재 부평공원 지하에는 옛날에 군사작전을 위해 사용하던 벙커가 있다고 한다. 원적산 기슭에 있는 토굴과 이 벙커는 모두 일본 제국주의의 착취와 수탈의 현장이며 강제동원의 증거를 역사적으로 보여주는 교육장이 될 것이다.

끝으로 캠프마켓은 젊은이들이 찾아오는 공원이 되어야 한다고 강조하고 싶다.

대한민국뿐 아니라 세계를 바꾸는 문화의 전위부대가 이곳에서 움틀 수 있도록 자유와 평등, 정의와 평화 에너지가 넘쳐나는 장소가 되기를 바란다. 부연하여 오늘날은 예술로 창조적인 도시공간을 열어가는 시대이다(『예술로 지역활력』, 이무열 신현길 공저).

건물 한 동을 예술대학원대학교에 내어주었으면 좋겠다. 단설대학원으로 음악 미술 연극 영화 무용 석박사 통합과정과 평생교육원을 유치하여 활기 넘치는 공원캠퍼스로 탈바꿈한다면 훗날 일자리 창출뿐만 아니라 문화도시 인천, 예술 도시 부평의 보물이 될 것이다.

「인천in」 2023. 03. 11.

2부

불혹의
샘터교회

※ 2부는 이은미 사모의 블로그에 게재된 글을 엮었습니다.

불혹의 샘터교회

네 하나님 여호와께서 네가 하는 모든 일에 네게 복을 주시고 네가 이 큰 광야에 두루 다님을 알고 네 하나님 여호와께서 이 사십년 동안을 너와 함께 하셨으므로 네게 부족함이 없었느니라 하시기로(신 2:7).

1983년 4월 17일에 창립 예배를 드린 우리 교회가 올해로 40번째 생일을 맞게 되었다. 사람의 나이 40세가 되면 마음이 흐려지도록 무엇에 홀리는 일이 없게 된다 하여 '불혹'이라고 칭한다. 내 나이가 40이던 해가 언제였던가 돌이켜보니 1998년, 개봉동 개○중학교에서 구로동 구로시장 옆의 영○중학교로 전근한 두 번째 해였고, 아직 모든 것이 불안정하고 미숙한 14살, 12살의 두 아이를 둔 어깨가 무거운 엄마였다.

남편의 건강 문제로 2019년 4월에 목회자의 사역에서 조기 은퇴를 하고 본격적인 시골살이를 시작한 지도 어느새 4년이 되어가지만, 지그시 눈을 감고 우리 교회의 지난날들을 돌이켜 보니 잊을 수 없는 소중한 얼굴들이 하나둘 또렷하게 떠오른다. 지금은 아파트가 들어서고 자취도 없어진 산동네의 9평짜리 방과 가게 터에 사과 궤짝을 강대상으로 놓고 예배를 드리고 나서 매주 고 강순심 권사님이 삶아 주시는 국수를 먹던 초창기 시절부터 지금까지 교회를 지키며 섬기는 가족 같은 교우들, 여기저기로 거처를 옮기며 교회를 떠났지만 지금도 가까이 느껴지는 옛 교우들, 한방 진료와 치과 진료로 마을 주민들에게 헌신했던 이인출 원장님과 고 이종원 원장님, 오랜 세월을 물심양면으로 우리를 도와주시던 고 김미영 원장님, 길가에서 흙장난을 하던 아이들을 모아 열었던 선교원 시절부터 24시간 어린이집이 되기까지 수고했던 교사들과 직원들, 남편과 같이 건축기금 마련을 위해 약국을 돌며 빈 병을 수거하던 기사 ○○○씨, 독거노인들에게 차로 식사를 배달하고 경로식당에 오는 노인들의 식사를 준비하고 배식해 드리던 교우들, 새벽마다 무릎 꿇고 기도하며 제단의 불을 밝히던 이들, 학교에 나가는 나를 대신하여 심방 대원으로 애쓰던 이들…, 모두 감사하고 고마운 분들이다.

그중에는 이미 고인이 되신 고 권평환 장로님을 비롯하여 강순심 권사님, 박병희 이시영 권사님 외에 김쌍임, 박이순, 마공애, 신한순, 김옥자, 한선우, 강춘자 권사님과 유인식, 인문광, 이형관, 신동아 성도도 있다. 교회 창립부터 하나님 사랑과 이웃 사랑을 실천하는 것을 제일로 삼았던, 그러나 늘 어려웠던 우리에게 "인천에 어려운 교회를 돕는 일을 남모르게 하고 계신 분들이 있는데 한번 찾아가 보라"는 얘기를 선배 목사님께 듣고 그리해야지 생각하던 어느 주일에 점잖게 생긴 부부가 우리 교회에 오셔서 예배를 드렸다.

알고 보니 우리가 찾아가 뵈려던 바로 그 권사님 부부셨다. 얼마나 감격스럽고 고맙던지! 신호용, 최영자 권사님이시다. 그분들의 권유로 같이 오시게 된 유병희 권사님과 문병하 해운회사 대표님까지 오랜 시간 우리와 함께 신앙생활을 하시며 귀한 본을 보여주셨다.

또한 감리교 빈민 선교 선배이신 정명기 목사님이 연결해주신 독일의 KNH로부터 몇 년간 선교원에 요긴한 도움을 받기도 했다.

남편의 고교 동창인 김효진 장로님 가족도 우리 교회로 적을 옮겨 함께 신앙생활을 하며 큰 힘이 되어주었고 남편의 고교 선배이며 나의 국민학교 선배이신 김상진 선배님도 우리가 도움을 요청할 때마다 지금까지 기꺼이 사랑의 손길을 내어주셨다. 두 딸의 백일, 돌 반지를 우리 교회의 건축 헌금으로 드렸던 남편의 고교 동창이자 나의 고교 서클 친구인 고 김학수 교수도 있다.

그러나 바닥을 치는 어려움이 닥쳐왔을 때, 눈물이 마르도록 힘에 겨워 기도할 기운조차 없을 때도 늘 우리와 함께하시며 손잡아주시고 동행해주신 주님의 사랑과 은혜와 보살핌이 있으셨기에 우리 교회가 여기까지 왔음을 깨달으며 깊이 감사드린다.

아직 작고 연약한 우리 교회이지만, 무수히 많은 이 땅의 교회 중에서 주님은 부족한 우리를 들어 당신의 거룩한 일에 쓰시며 여기까지 우리를 인도해 주셨다. 답답하고 속이 터질 때도 많으셨을 텐데 그럼에도 불구하고 거룩한 주님의 사업과 주님의 일에 부족한 우리를 사용해주신 것이다. 불혹이라는 사람의 나이에 비해 우리 교회는 그동안의 많은 시련과 어려움을 통한 단련으로, 성숙함이 남다른 교회라고 생각한다.

그러한 성숙함과 다사다난했던 신앙의 경험을 토대로 하여 앞으로도 우리 교회는 그저 모여서 예배를 드리는 것으로 역할을 다했다고 생각하면 안 되고 우리를 향하신 주님의 뜻을 정확히 깨달아야 한다. '우리를 향한 주님의 유효기간'이 아직 끝나지 않았다고 주님은 계속 말씀하고 계신다. 그런 주님을 바라보면서 감사한 마음으로 앞으로도 주님의 명령에 귀 기울이며 맡겨진 사명을 바로 깨닫고 나아가야 한다고 믿는다.

창립 주일부터 지금에 이르기까지 자신의 몸과 마음을 드렸던 모든 이의 기도가 주님께 상달되어서 튼실하게, 기쁘고 감사하게 결실되도록, 주님께서 우리에게 동일한 은혜로 늘 함께하실 것을 굳게 믿는다.

2023. 03.

결혼기념일

오늘로 결혼식을 올리고 남편과 부부가 된 지 36년이 되었다. 결혼기념일 36주년인 것이다. 1983년 12월 3일, 그때로 치면 여자 나이 26세(음력 나이로는 27세)의 결혼은 좀 늦은 편이었고, 동갑인 남편의 27세는 좀 빠른 편이었다. 양력으로 모든 것을 하던 우리 집이었던지라 주민등록에도 내 생일이 1958년 양력 1월로 올라가 있는데, 시어머니는 "넌 개띠가 아니고 닭띠 동짓달"이라시며 두 닭이 만났으니 푸다닥 얼마나 싸울지 걱정이라고 하셨다.체중이 43kg에서 46kg까지 오가는 마른 몸에 애는 낳을 수 있겠냐는 걱정도 하셨다.

제주도로 신혼여행을 가서 관광버스에 앉았는데 모든 신혼부부와 달리 우리만 남편이 안쪽 좌석에 들어가 앉은 걸 본 가이드가 "그 집만 외무부 장관과 내무부 장관이 바뀌었네요~"라며 바꿔 앉으라고 했던 기억이 있다. 신혼 시절부터 이렇게 보편적 형식을 초월해 사는 우리 부부의 특별한 삶이 시작된 것이다. 고등학교 2학년 때, 초등학교 입학 시절부터 살던 정든 집에서 도보 30분 정도 거리의 동네에 새집을 짓고 이사를 한 뒤에도 부모님이 나가시는 교회로 안 가고, 그동안 다니던(옛집 가까이 있던) 교회를 다녔다. 그런데 어느 날 밤 고등부 예배를 드리고 걸어서 집에 오다가 여자 깡패들을 만나

큰일을 당할 뻔한 위기를 겪은 후 새집에서 가까운, 부모님이 나가시는 교회로 옮기게 되었고, 그 교회에 다니고 있던 남편을 만나게 되는 역사가 시작되었다.

새 교회에 간 날부터 나는 거들떠보지도 않는데 관심을 보이며 집요하게 따라다니던, 당시 많은 이들이 즐겨 보던 미국 드라마 속 '형사 콜롬보' 같은 남편을 몹시 싫어하다가 대학 3학년 겨울방학 때 비로소 마음을 열게 되었다.

대학 생활 내내 나 혼자 좋아하던 대학 선배에게 어렵게 고백했다가 거절을 당한 영향도 있었지만, 재수를 하면서도 그렇게 따라다니던 남편이 대학에 들어가서는 개인주의가 난무하는 세상적인 삶보다 공공의 선을 위한 길을 택하고 정의롭고 꿋꿋하게 걸어가고 있는 것을 보고 멋지다는 감동을 받았기 때문이었다. 그렇게 마음을 연 이후에 5년간 교제하다가 우여곡절 끝에 결혼했다. 만난 지 10년 만인 셈이다.

네가 ㅇㅇ를 차지할 줄 알았더라면 나도 적극적으로 대시를 해보는 건데~,

야 임마, 너 우리 친구 ㅇㅇ 행복하게 해 줄 자신 있어?

그동안 내 주변을 조용히 맴돌던 교회 남자 친구들, 고교 시절의 서클 남자친구들이 모두 아쉬워하며 남편을 부러워했다. 하지만 집에서는 "이제 대학 4학년이 되니 서울의 중등교사 임용고시를 보고 공립학교 보건교사가 되어서 S대 사대 출신의 참한 남교사를 만나 결혼해라"라고 하신 아버지께서 교회 장로임에도 불구하고, 신학생이고 더구나 운동권 출신의 유명 인사인 위험인물과 사귀는 걸 보시고는 분노하시며 호적에서 빼 버리겠다고 반대하셨다.

시카고 밀레니엄 공원에서

다섯 딸 중에 나를 제일 예뻐하셨던 아버지, 어려서부터 "우리 ○○는 미스코리아 대회에 내보낼 거야"라고 하시며 어디든지 손을 잡고 데리고 다니시던 아버지. 목회자의 아내 외에도 여러 역할을 감당하는 딸을 위해 안쓰러운 마음으로 물심양면의 지원과 기도를 아끼지 않으셨던 부모님께 아직도 계속 간절한 기도의 대상이 되는 딸이기에 부모님을 위한 기도를 드릴 때면 마구 눈물이 떨어진다.

강단 있는 체질이지만, 바쁘고 힘든 생활 속에서 건강이 안 좋아져 계류유산 등을 겪고 어렵게 된 임신이 다시 위험 상황이 되자 무릎을 꿇고 "주님께 바치겠나이다!"라고 간구했다. 그렇게 얻은 큰딸과 퇴근 후 밤에 시아버지 추도 예배를 드리고 돌아오는 길에 진통이 시작되어 하마터면 길에서 낳을 뻔했던 둘째 딸. 모두 어려운 동네에 퍼주는 목회자 아빠를 둔 덕에 고생도 많았지만, 상상할 수 없게 넘치는 은혜로 잘 자라서 둘 다 명문대를 졸업하고 성실하게 자리매김하며 살고 있다.

유명한 정의의 사도이자 퍼주기 목사이면서 돈키호테 같은 남편과 바쁘고 어려운 목회의 길을 같이 걸어오는 동안 어려움과 갈등이 많았어도, 너그러운 마음으로 자기와 반대되는 까탈스럽고 분명한 성격인 나를 늘 인정해주고 지지해주고 수용해 준 그에게 고맙다.

특히 20여 년 전 내가 교회에 제단 꽃꽂이를 하러 차를 운전하고 가다가 오토바이 폭주족과 대형 충돌사고가 나서 사건 사고를 처리하는 1년 동안 내게 한 번도 "운전을 좀 조심해서 잘하지 그랬느냐"는 비난이나 추궁 한마디 없이 해결을 위해 적극적으로 도와주었다. 혹시 내가 잘못될까 봐 걱정해주고 기도해주고 기다려 준 일은 평생 잊을 수 없다.

다시 운전을 시작해서 은혜를 갚아야 하는데 나는 아직 그때의 트라우마에서 벗어나지 못하고 운전을 포기하고 있는 상태이다.

결혼 초기로 돌아가겠냐는 질문을 받는다면 도저히 그렇게 못 하겠노라는 답을 할 수밖에 없는 20대, 30대, 40대, 50대의 시절을 거쳐 62세의 결혼 36년 차 뚱보 할머니가 된 지금, 그동안 내가 잘나서 내 힘으로만 살아온 건 결코 아니지만, 참 열심히 열정적으로 내게 주어진 모든 일에 후회 없이 살아왔노라고 자부할 수 있을 것 같다.

롯데타워 콘서트홀에서

남편의 36년간의 목회 사역과 나의 38년간의 교직 생활에서 물러나 물 맑고 공기 좋은 우리 동네에 자리 잡고 살고 있는 지금이 내 인생에서 가장 여유롭고 행복한 때이다.

남편의 건강이 좋지 않아서 완벽한 행복은 아닐지라도 순간순간 감사함으로 "주여, 내 잔이 넘치나이다!"라는 고백과 함께 "그가 나를 단련하신 후에는 내가 정금 같이 나아오리라"는 욥기의 성경 구절을 음미하며 끊이지 않는 희망으로 서로를 격려하고 의지하며 살고 있다.

뭐든지 할 수 있는 준비된 능력을 갖춘 나를 푹 쉬고 있는 이 생활 속에 마냥 묵혀 두시지는 않을 거라는 기대감으로, 가끔 내 인생의 남은 페이지를 미리 살짝 들춰보고 싶은 욕망이 일어나곤 한다.

남편이 미국에서 공부할 때 차를 빌려 지도를 보며 같이 달렸던 미국 서부의 101해안도로에 다시 가보는 것, 친구와 50대의 입문을 아쉬워하며 여행했던 스페인의 알함브라 궁전에 남편과 둘이 다시 가 보는 것인 내 소망이 우리의 결혼 생활에서 꼭 이루어졌으면 좋겠다.

2019. 12. 03.

해물탕집 '비원' 앞 남한강 둘레길

연세대 루스 채플에서

꽃꽂이

내가 가는 길을 그가 아시나니

그가 나를 단련하신 후에는

내가 순금같이 되어 나오리라(욥 23:10).

내가 좋아하고 의지하는 구약성경 욥기 23장 10절의 말씀이다. 개척교회부터 시작한 작은 교회 목회자의 아내인 내게 주어진 역할은 '전천후 슈퍼우먼'이었다. 교회학교 교사, 성가대 대원, 반주자(때로는 지휘까지), 식사 당번, 청소 당번, 꽃꽂이 전담 등 사적으로 감당해야 하는 아내, 엄마, 교사와 경제적 가장의 역할 외에도 교회 개척 초기부터 해야 할 많은 일이 있었다.

교회력을 중시했던 우리 교회에서 매주는 아니라도 특별한 절기만큼은 제단을 거룩하게 장식해야 한다고 생각했다. 마땅히 그 일을 맡을 만한 교인이 없던 탓에 나라도 꽃꽂이를 배워서 제단을 장식해야겠다는 마음을 먹고, 목회 초기의 어느 날 청○회에 속한 꽃꽂이 강습소에 등록하고 초보자로서 배움을 시작하게 되었다.

매주 한 번씩 기본 화형으로부터 시작해서 소재를 가지고 반복해서 꽂도록 가르치는 수업을 듣고, 그 꽃을 빼서 꽃가방에 넣고 다시 교회로 가서 화기에 꽂는 일을 했는데 마음처럼 쉽지 않았다.

더구나 인천에서 서울에 있는 학교로 출퇴근하는 상황에서, 퇴근 후 인천으로 내려와 꽃꽂이 수업을 듣고 다시 교회로 가서 꽃을 꽂고 집으로 가면, 시간도 늦고 몸은 파김치가 되기 일쑤였다.

게다가 우리 교회의 일등 봉사자이셨던 권사님이신 시이모님이 가끔 당신의 이상한 영적 판단(?)으로 정성껏 꽂은 꽃에 마귀가 보인다며 마구 뽑아 제치시는 일이 있을 때면 정말 감당하기 힘든 어려움이 몰려오기도 했다.

그래도 수업을 들은 덕분에 교회 제단에는 어쭙잖은 솜씨의 꽃들이 매주 꽂히게 되었다. 그렇게 3년을 배우고 몇 차례의 승급시험을 거치면서 기초 사범의 자격을 따고 나니 기본 화형을 벗어나 자유롭게 꽃을 꽂을 수 있는 안목이 생겨나기 시작했고, 꽃을 꽂는 게 기쁘고 설렜다. 꽂고 나서 스스로 감동하기도 하고, 꽃들이 주는 행복감으로 인한 힐링을 경험하기도 했다. 참으로 감사한 일이었다.

꽃꽂이는 보이는 것처럼 그냥 예쁘고 멋진 것만은 아니다. 교회력이나 절기에 맞는 화형을 미리 연구하고, 자료도 찾아보고, 그에 맞는 소재를 생각해서 꽃집에 가서 꽃을 고르고, 한 보따리의 꽃들을 차에 싣고 와서 어울리는 화기를 준비한 다음, 기도하고 심혈을 기울여 집중해서 꽃을 꽂고, 이렇게 저렇게 수정하고 난 뒤에 사용했던 남은 소재들과 도구들을 깔끔하게 정리해서 청소하는 일까지. 시간도 무척 오래 걸리는 고된 육체노동과 정신노동을 통한 헌신이다.

특히 중요한 절기 전에는 차 안에서나 걸을 때나 밥을 먹을 때나 늘 프레임을 구상하는 일이 머릿속에서 떠나지 않는, 그래서 꽃꽂이 봉사를 하는 이들에게 내리는 복은 아주 크다는 얘기도 있다.

싱싱하고 예쁜 꽃들로 가득 찬 단골 꽃집 가좌동의 경인꽃집에 가서 원하는 꽃들을 고르며 행복해하던 때가 생각난다. 어쩔 수 없이 시작한 꽃꽂이였지만, 내게 많은 발전과 성장 그리고 폭넓은 안목으로의 확장을 가져다준 일이었다. 난 이 생각할 때마다 욥기 23장 10절의 구절이 다시 떠오른다.

그가 나를 단련하신 후에는 내가 순금같이 되어 나아오리라.

"사모님은 못 하는 게 없으세요! 꽃꽂이까지 잘하시고"라고 얘기하는 이들에게 나는 꼭 일러주었다. "결코 제가 잘나서 그런 게 아니랍니다. 어쩔 수 없이 시작해서 열심히 하다 보니 여기까지 오게 되었어요. 주님이 저를 훈련하신 거죠"라고.

4월 말 남편의 조기 은퇴로 목회 사역에서 떠난 후 내 뒤를 이어 주○아 집사님이 꽃꽂이를 맡아서 하다가 여수로 이사를 간 뒤 잠시 공백이 있었지만, 이제 임○우 권사님이 다시 자청해서 봉사하신다니 정말 고맙고 다행스러운 일이다. 거룩하고 큰일을 기쁨으로 감당할 수 있도록 기도로 힘을 실어드려야겠다. 무거운 꽃 더미들을 거의 매번 차로 날라준 남편에게 이 글을 빌려 감사한 마음을 전하고 싶다.

2019. 11. 02.

추수감사절 장식

대림절 촛대 장식

눈물

2018년 2월 말, 38년간의 교직 생활에서 명예퇴직하고 나니 또 다른 일이 나를 기다리고 있었다. 바로 우리 교회 부설 '샘터초등어린이집'의 저녁 무료 급식 일이었다.

인천 최초의 24시간 어린이집인 우리 교회 부설 '샘터어린이집'을 졸업하고 초등학교에 진학한 아이 중 방과 후에 마땅히 갈 곳이 없는 아동들을 위해 다시 어린이집과 나란히 서 있는 옆 건물인 교회 2, 3층을 꾸며 만든 곳인 '샘터초등어린이집'.

방과 후 공부방이 모두 초등어린이집으로 바뀌려던 나라의 제도가 변경되어 '지역아동센터'가 되면서 우리는 전국에 서울과 인천에 오로지 두 곳만 남은 초등어린이집 중의 하나가 되었다.

초등어린이집에는 학교 수업을 마친 아이들이 와서 공부와 숙제도 하고 간식을 먹으며 놀기도 하다가 부모님이 데려가거나 부모님의 퇴근 시간에 맞춰 집으로 돌아가기도 했다(지역아동센터는 사회복지사가 센터장인 복지시설이고, 초등어린이집은 보육교사 자격을 가진 원장과 보육교사들이 운영에 참여하는 보육시설이라는 차이가 있다).

교직에 있는 동안 나는 방학 중에 천연비누 만들기나 교사와 아동들을 대상으로 하는 성교육, 응급처치, 심폐소생술 등의 교육을 통해 간헐적으로 초등어린이집을 돕는 일을 했고, '어린이집 7세 아동의 보육료'를 받게 지정된 제도 아래서 한 명의 원장과 두 명의 교사가 초등어린이집을 맡아서 어렵게 운영을 해왔다.

바로 옆 건물인 어린이집은 이제 안정권에 들고, 대기자들이 줄을 설 정도가 되었지만, 초등어린이집은 늘 어려웠다. 버티고 버티던 초등어린이집 원장이 어느 날 이젠 재정적인 어려움으로 문을 닫아야 하는 상태라고 말했다.

아이들은 알아서 옆에 있는 지역아동센터로 가든지 하면 될 테고, 옆 동네의 재개발로 인해 이동 인구가 늘어나면서 떠나는 아이들도 생기고, 어린이집 7세의 보육료를 받아서는 인건비와 운영비 등의 기본적인 충당이 어렵다고 했다.

이 아이들을 내팽개칠 수는 없다고, 늘 어려운 가운데서도 이렇게 줄곧 달려온 우리의 인생이었다고, 고민하던 남편이 제물포고교 동기 모임에 가서 이런 이야기를 했더니 뜻있는 한 친구가 선뜻 3백만 원을 후원해주었고, 우리는 그것으로 아이들을 위한 무료 저녁 급식을 시작했다.

매일 저녁 따뜻한 밥을 제공하게 되자 이 일이 소문이 나고 아이들이 늘어나면서 어렵긴 했지만, 일단 초등어린이집의 문을 닫는 일은 없던 걸로 되었다.

'저녁 식사 전담 요원'. 내게 붙여진 자원봉사 직책이다. 식단을 짜고, 후원금을 가지고 알뜰살뜰하게 식재료를 구입하고, 봉사해 주시는 교회 권사님과 같이 저녁 식사를 만들고, 아이들을 먹이고 치우고 하는 일을 맡았다. 하지만 몸이 힘든 건 어디로 갔는지 맡겨진 일에 완벽할 정도로 열정적인 내게 "이 일이 멈추지 않게 해야 한다"는 큰 부담이 늘 어깨를 짓눌렀다.

돈이 떨어질 만하면 적은 액수라도 다시 누군가의 도움으로 채워지고, 교회 권사님이 고춧가루를 후원받아다 주시고, 부목사님이 김치를 후원받아다 주시고, 선생님들이 함께하고, 교인들이 설거지를 도와주고 하는 은혜를 체험하면서도 늘 가슴을 졸여왔다.

돈이 똑 떨어져 가는 어느 날 밤, 그날의 일지를 정리한 뒤에 나는 혼자서 막 울었다. "주님, 정말 저를 너무 과대평가하시는 것 아닌가요? 제가 뭘 어떻게 더 해야 하나요?" 상조회에 가입해서 붓던 것을 중도 해약해서 차입금 삼아 넣기로 결심하면서 원망과 한탄의 기도가 쏟아져 나왔다.

그러면서 한계선에 있던 혈당이 마구 오르기 시작했다. 그리고 계속되는 긴장의 연속으로 심각한 수준까지 오른 혈당과 당화혈색소 수치 때문에 몇 달간 열심히 달려온 길을 접어야 하는 결단을 내리게 되었다. 원장님과 선생님들에게 그 일까지 맡기고 나는 양평으로 들어왔다. 내 건강을 위해서. 어찌 보면 이기적인 일이었지만, 대신 남편이 여기저기에 도움을 요청하며 적어도 재정 때문에 문을 닫는 일이 없도록, 아이들을 먹이는 일에 걸림돌이 되지 않도록 노력했다.

원장이 바뀌고, 어려운 가운데서도 그때그때 돕는 많은 손길과 희생적 헌신의 마음을 가진 교사들의 수고로 초등어린이집은 재개발로 인한 철거가 예상되는 앞으로의 1, 2년 동안 계속 운영이 가능할 것 같다.

며칠 전 남편이 재개발에 따른 감정평가의 일로 초등어린이집을 다녀왔는데, 20여 명의 아이가 나와서 신나게 놀고 공부하며 잘 지내고 있다고 한다. 엘리야 선지자에게 까마귀를 통해 떡과 고기를 공급해 주시던 그분의 크신 은혜 덕분이다.

나는 2019년 남편의 은퇴 이후 모든 걸 내려놓고 양평에서 살고 있다. 이 일들로부터 전혀 무관하진 않지만, 실무에서 벗어나 이제껏 내 인생에서 갖지 못했던 마음과 시간의 여유를 가지고 힐링, 해독을 통한 감사와 찬양의 하루하루를 보내고 있다.

어찌 보면 오른손이 하는 일을 왼손이 모르게 하라는 성경 속 가르침과 달리 생색을 내는 글이라고 할 수도 있겠지만, 기억의 세계들이 나이 듦과 함께 줄어들고 왜곡되는 부분도 있어서, 역사적인 사실의 보존을 위해서라도 기록으로 남겨야 할 것 같은 의무감에서 이 글을 쓴다.

2021. 03. 04.

2021. 03. 04.

옛 생각

오늘 옛 목회지인 우리 교회 부설 어린이집 일로 인천에 다녀왔다. 남편은 건강 문제로 60대 초반에 목회 사역에서 조기 은퇴했지만, 교회 부설 어린이집과 초등어린이집의 이사장직을 아직 남편이 맡고 있어서 중요한 행정적인 일들을 처리할 때마다 인천에 다녀온다.

1983년 4월, 27세의 나이로 산동네에 9평짜리 교회를 개척한 남편은 목회의 시작과 함께 마땅히 갈 곳이 없어 길에 나와 노는 동네 어린 아이들을 무료로 돌보는 샘터감리교회 부설 '샘터 선교원'을 열었다.

어려운 동네로 찾아가서 그 동네의 어려움을 같이 나누는 참된 목자가 되라고 하신 교수님들의 가르침을 그대로 실천해야 한다며 남편은 어렵고 힘든 동네를 목회지로 물색하고 다녔다.

택시 기사들도 가기 싫어한다는 인천의 후미진 산동네 9평짜리 만화 가게 자리를 계약하고 몇 날 며칠을 깨끗이 청소한 다음 사과 궤짝을 강대상으로 꾸며 목회를 시작했고, 그해 12월에 우리는 결혼을 했다.

결혼 당시에 어려운 목회를 하게 될 테니 여기저기 이사 다니는 일만큼은 면하고 살라며 양가에서 돈을 합쳐 집을 마련해 주셨다.

마침 동네에 처음으로 5층짜리 아파트가 분양되었는데, 1,310만

원의 분양가 중 650만 원의 융자가 끼어있어서 660만 원만 내면 입주가 가능한 곳이었다. 친정과 시댁에서 330만 원씩을 보태주셨고, '금성아파트', 그곳이 우리의 신혼집이 되었다.

선배 목사님의 연결로 독일에서 보조를 받고, 거의 자원봉사로 아이들을 돌보는 선생님들과 함께, 넉넉하진 않지만 선교원이 운영되었고, 몇 년에 걸쳐 어렵게 교회를 건축할 대지도 마련되었다.

대지를 마련하는 과정에서 선배 목사님들, 가족들, 지인들, 심지어 남편의 신학교 은사님까지 한 평에서 몇 평에 해당하는 금액을 후원해 주셨고, 지금은 고인이 된 나의 고교 시절 서클 친구인 제고 출신의 김 교수는 자기 두 딸의 백일반지와 돌 반지를 팔아 우리 교회에 헌금으로 드리기도 했다.

남편은 목회자인 우리도 본을 보여야 한다며 신혼집으로 마련했던 아파트를 팔아 헌금으로 드리자고 했다. 43kg의 마른 몸으로 몇 번의 유산과 어려운 난국을 거쳐 큰딸을 출산한 지 얼마 되지 않은 나는 서울의 학교로 출퇴근하며 실질적인 가장 역할을 하고 있었는데 그 의견에 도저히 찬성할 수가 없다고 버티었다.

하지만 결국 그렇게 하기로 하고 집이 팔리지 않자 전세를 놓고 전세금을 모두 대지 마련 헌금으로 드린 후 첫 번째 친정살이를 하게 되었다. 그렇게 마련한 115평의 대지 중 70평의 지하에는 선교원이 변해서 된 어린이집이, 1층에는 교회가, 2층에는 양철로 된 가건물이 우리의 살림집이 되었고, 우리는 친정에서 독립하고 거기에서 둘째를 낳았다. 여름엔 찜통더위가, 겨울에는 아이들의 두 볼이 시퍼렇게 얼 정도의 추위가 우리를 힘들게 했다. 나머지 45평은 어린이집 놀이터로 꾸미고 시소, 미끄럼틀, 출렁다리, 비행기 등의 놀이기구들을 설치했는데 사실상 그 동네의 모든 아이가 와서 노는 '동네 놀이터'가 되었다.

교회 건축으로 인한 부채 상환을 위해 남편은 빈 병을 모아 파는 일을 하겠노라고 했다. 운전면허를 따고, 봉고차를 사서 인천 시내의 약국을 돌며 빈 병을 받아 교회 옆 공터에 쌓아놓으면 당시 우리의 목회를 전적으로 도우셨던 중년의 시이모님과 이모부님이 종일 그 병들을 같은 종류끼리 분류하는 작업을 해주셨다. 박카스는 박카스 병끼리, 활명수는 활명수 병끼리 분류를 해야 고물상에서 값을 조금 더 받을 수 있었기 때문이다. 병 속에는 씹다가 뱉은 껌이나 가래침, 담배꽁초 등의 이물질도 많이 들어있었지만, 이모님과 이모부님은 아무 불평 없이 그 일을 같이 감당해주셨다.

지금은 고인이 되신 두 분의 사랑은 언제 생각해도 정말 감사할 뿐이다. 어려운 가운데서도 동네 아이들을 위해 선교원을 그리고 다시 어린이집을 운영한 노고를 인정받아 어느 날 인천시에서 인천 최초의 '24시간 어린이집'을 지어주겠다고 했다.

편모가 문을 밖에서 잠그고 일을 나간 사이에 집에 화재가 발생해서 세쌍둥이가 희생됐던 인천의 큰 사건 이후에 부모들이 24시간 동안 안심하고 아이들을 맡길 곳이 있어야 한다는 게 이슈로 떠오른 때였다.

교회에서는 동네 놀이터였던 땅을 내놓고, 시에서는 건물을 지어 준(인천 최초의 샘터감리교회 부설) '24시간 샘터어린이집'이 우리 교회에 탄생하게 되었다. 선교원에서 어린이집이 되었고, 다시 '24시간 어린이집'이 된 것이다. 24시간을 운영하는 어린이집이 되니 편부, 편모 가정이나 분리 가정, 해체 가정, 밤 늦게까지 일하는 부모의 아이들을 마음 놓고 맡길 수 있고, 아예 주말에만 집에 가는 아이들도 생겼다.

그리고 그곳을 졸업하고 초등학교로 올라가는 아이들을 위해 옆 건물인 교회 2, 3층을 초등어린이집으로 만들어서 방과 후에 아이들을 돌보는 일을 감당했다.

그 일을 위해 우리는 양철지붕의 살림집을 다시 내놓고 두 번째 친정살이를 시작했다. 그곳을 거쳐 간 아이들이 긴 세월 속에 부모가 되어 자녀들을 자기가 졸업한 우리 어린이집에 보내기도 했고, 양심적이고 모범적인 운영으로 인정받은 우리 어린이집은 늘 대기자가 많아 아이를 보내려면 기다려야만 하는 곳이 되었다.

게다가 초등어린이집 2층에서는 매일 점심에 어려운 동네 노인들을 위한 경로식당을 운영하고, 식당에도 올 수 없는 40여 명의 독거노인을 위해 매일 식사 배달도 했다. 어린이집 차량으로 비탈진 산동네를 오르락내리락하며 도시락 하나에 하루를 의지하는 노인들을 위한 사랑이 전달되었다.

나는 학교에 나가며 가장 노릇을 하고, 교회학교 교사와 성가대 지휘, 때론 반주와 꽃꽂이 등으로 헌신하는 일을 했지만, 그 거룩한 봉사에는 남편을 선두주자로 한 교회의 교인들이 함께 참여했다. 부자인 큰 교회에서도 감히 엄두를 내지 못하는 일을 작고 가난한 우리 교회에서 기꺼이 모두 감당했던 것을 생각하니 눈시울이 뜨거워진다. 교인 중에는 우리를 돕기 위해 자신들이 출석하던 교회를 떠나 우리 교회에 와서 교인이 되어준 이들도 있었다.

40년 가까운 세월 속에 많은 변화가 있었다. 산동네의 판잣집들이 서 있던 비탈과 언덕들이 우리의 신혼집이던 금성아파트와 함께 사라지고 고층아파트와 빌라가 들어섰다. 이어서 계속되는 재개발의 물결을 타고 우리 교회 부설 어린이집과 초등어린이집이 있는 동네도 재개발의 과정이 진행되고 있다. 그리고 남편은 2019년 4월, 교회 창립 36주년 기념 주일에 빈 의자를 물려주고 목회 사역에서 은퇴하였다. 우리의 인생 여정이기도 하지만 그 이전에 인천의 산 역사이기도 한 무수한 일들이 재개발을 위한 철거와 함께 역사의 뒤안길로 사라질 것이다. 그러나 돌봄을 필요로 하는 아이들을 위한 공간이 꼭 다시 마련될 수 있기를 매일 간절히 기도하고 있다.

오늘 어린이집에 도착하기 전, 재작년 우리의 은퇴식에 오신 분들께 식사를 대접했던 함흥관에 오랜만에 가서 남편과 점심을 먹었다. 그리고 어린이집에 가서 떠나는 이들과 새로운 직책을 맡게 될 이들을 만나 격려의 인사와 진한 허그와 덕담을 나누었다. 뽕잎, 감잎, 인동초, 파프리카, 어성초 가루, 율피, 콩가루와 허브 에센스 오일, 글리세린과 꿀을 넣어 며칠 전에 정성껏 만든 천연비누도 나누었다.

부족한 점도 많았지만, 외길로만 달려온 옛 생각으로 만감이 교차하는 밤이다.

2021. 02. 22.

목싼님!

목싼님~~ 안녕하세요!

저 성○이에요.

잘 지내시죠? 요즘은 어디 계세요?

옛날 20대 때, 일하던 과자 공장에서 뛰쳐나와 놀고 있다가 우리 어린이집 차량을 운전했던 성○이다. 양평에 살고 있다는 남편의 답에 "그럼 이제 교회는 안 해요?"라고 되묻는, 50대 중반이라서 이젠 '성○이'라고 부르기엔 좀 뭐한 '성○ 씨'의 전화였다.

그는 1983년, 남편이 인천의 산동네였던 ○○동 산 25번지로 본적지를 옮기고 목회를 시작하고 결혼했던 20대 후반에 우리와 나이차가 10년 이상 나던 동네 말썽꾸러기 중의 하나였다.

거의 중학교나 고등학교를 중퇴하고 이리저리 몰려다니며 술 담배에 싸움박질을 일삼고, 심지어는 본드를 흡입하는 애들까지 있던 그들은 교회에서 주일마다 예배 후 나누어 먹는 국수를 먹으려고 교회로 몰려왔다가 "전도사님!" 하며 우리를 따르기 시작했다.

그리고 남편이 목사 안수를 받은 후에는 "목싼님~!" 하며 자신들의 고민과 울화와 분노와 걱정들을 털어놓고, 우리를 인생 선배로 삼고 기대며 의지했다.

동네에서 시끄럽게 싸우다가도 남편이 지나가면서 그만하라고 하면 곧 조용하게 그치는 바람에, 남편은 졸지에 동네에서 '운동권 목사'요 '동네 깡패 두목'이라는 별칭을 얻게 되었다.

키가 훤칠하고 인물도 훤한 미남형의 성○이는 9평짜리 만화 가게를 개조한 초창기 우리 교회의 바로 앞집에 살았다. 그의 아버지는 손수레를 끄는 고물 수집상이었고, 어머니는 그 동네의 큰 성결교회에 출석하고 있었는데, 어느 날 그 집 대문 위에 붙은 '○○성결교회'라고 쓴 교패를 남편이 들여다보며 우리 교회도 이런 모양으로 주문을 해야겠다고 말하는 순간 교패가 밑으로 떨어지는 일이 있었다.

다시 주워서 달아놓으려는 남편에게 성○이의 어머니가 소리를 지르고 삿대질하면서 "왜 남의 교회 교패를 떼느냐!"라며 분노했고, 우리는 너무 당황한 나머지 아무 말도 하지 못했다. 물론 그 뒤에 그들과 우리는 사이좋은 이웃이 되었다.

그 일을 바로 며칠 전에 남편과 돌이키며 웃었는데, 성○이에게서 어머니가 요양병원에서 곧 돌아가실 것 같으니 목사님인 남편이 장례식의 집례를 맡아주었으면 한다는 전화가 왔다. 바로 몇 년 전까지만 해도 장애인 전동차를 타고 길가에서 야채 장사를 하셨었는데…. 어머니가 노환으로 성결교회에 출석 못 하신 지 오래됐지만, 평생 신앙생활을 열심히 하셨으니 아는 목사인 남편이 조촐하게 장례식을 집례해주었으면 한다는 얘기이다.

남편이 건강의 문제로 목회 사역에서 조기 은퇴하고 인천을 떠나 양평에 살고 있으니 우리의 후임 목사님께 그렇게 하시도록 잘 얘기하고 우리도 조문을 가겠다고 했지만 "목싼님, 저는 목싼님이 좋아요. 목싼님이 해주셨으면 좋겠어요"라고 한다.

말썽꾸러기였지만 그나마 그 부류 중에서는 대과 없이 커서 유능한 운전 실력으로 아이들을 태우고 우리 어린이집 차량을 운행하던 성○이. 원래는 그의 형인 성○가 운전을 하다가 바통을 동생에게 물려준 것이었다. 그 전화를 받은 지 하루 만인 오늘, 성○이 어머니가 돌아가셨다는 연락을 받았다. ○○장례식장을 빈소로 정했다고 하고, 내일 오후에 입관 예배를 드리기로 했다.

10대, 20대에 만나 50대, 60대에 이르기까지 같이 늙어가며 이어지는 우리 인연의 끈. 내일 빈소에 가면 그 말썽꾸러기 중 몇은 만나게 되겠지. 이젠 모두 흰머리가 성성한 모습으로 변해있겠지만, 그래도 이구동성으로 "목싼님~ 사모님~!" 하며 우리를 반길 것이다.

2022. 02. 08.

감사합니다!

어제 인천에 다녀왔다. 2월 말로 모든 걸 마무리하는 우리 어린이집의 폐원 감사(?) 예배를 드리기 위해서이다. 1983년 우리 목회의 시작과 함께 선교원에서 어린이집으로, 다시 24시간 운영체제의 어린이집으로 성장하며 39회 졸업생을 배출하는 것으로 어린이집의 모든 업무가 막을 내렸다.

우리 두 딸이 돌봄을 받은 곳, 이제 40대가 된 원아에서부터 어린 원아에 이르기까지 동네에서 흙을 파먹던 아이들이 번듯한 건물과 시설에서 돌봄을 받게 되었던 곳. 많은 선생님과 직원들 그리고 교우들의 헌신과 봉사를 통해 이어진 역사이다.

시대적 변화인 재개발로 그 일대가 이미 아파트 공화국이 되고, 많은 국공립 어린이집들이 증원되어서 이제 우리는 어린이집을 운영하는 사명을 마무리하라는 뜻으로 받아들였다.

이곳도 곧 철거되고 재개발의 물결에 휩쓸려 사라질 것이다. 대신 아직 잔존하는 우리 초등어린이집은 '어린이 행복센터'로 확장되어 학대받는 어린이들, 마음이 아픈 어린이들, 결손가정과 맞벌이 가정이 돌봄이 필요한 어린이들을 위해 대토 받은 교회의 새로운 부지에서 다시 큰 사명을 감당하게 될 거라는 확신을 갖고 기도 중이다.

우리의 20대 청춘 시절에서부터 60대까지의 인생이 담긴 거룩한 일들에 부족하지만 쓰임받을 수 있었음에 감사하는 마음이다.

어제 공로패도 받고, 꽃다발도 받고, 선물도 받고, 보수 없이 봉사했던(지금은 성공회 신부님의 부인이 된) 옛 교사에게서 식사 대접도 받고, 많은 이와 함께 옛날을 회고하며 감개무량과 서운함이 교차하는 시간을 가졌다.

고비마다, 시시때때로 모든 일에 크신 은혜로 함께 하시며 이끌어 주신 하나님께 감사드릴 뿐이다.

2022. 02. 19.

2022. 02. 19.

모란공원 묘지

25세의 아까운 나이로 1997년에 세상을 떠난 우리 교회 청년이 안장된 마석 모란공원 묘지에 어제 남편과 다녀왔다. 양평에서부터 북한강을 끼고 달려갔다가 달려왔다. 뇌출혈로 고속터미널 앞 보도블록에 쓰러져있는 걸 보고 "노숙자겠지", "젊은이가 대낮부터 술에 취해 엎어져 있네"라고 생각했다. 많은 이가 지나간 몇 시간 후에 누군가의 따뜻한 관심으로 병원으로 옮겨졌으나, 골든 타임의 몇 배를 넘긴 뒤여서 결국 영원히 세상을 떠나고 말았던 고 이○○. 핸드폰도 없던 시절. 살아있다면 우리 나이로 50세이다.

마음이 따뜻하고 신심이 깊었던 그와 먼저 간 큰아들을 평생 가슴에 묻고 사셨을 연로해지신 그의 부모님이 떠올라 눈물이 쏟아졌다. 남편과 묘비 앞에서 기도했다. 많은 사람이 묻혀있는 곳. 익숙하게 낯익은 이름들도 눈에 띈다. 평일이어서 그런지 아주 한산하지만, 곧 한식이 다가오니 묘소를 찾는 발걸음이 늘어나겠지. 누구나 피해갈 수 없는 죽음을 향해 달려가는 인생길! 어떻게 살아야 잘 살다 가는 걸까!

2021. 03. 23

모란공원 묘지

3부

김성복 목사에 대해 말하다

내가 아는 김성복은 끊임없이 교회 개혁 사회 참여 실천한 분

박상문
지역문화네트워크 공동대표 · 명문미디어아트팩 대표

김성복 목사와 1979년 가을 감리교 인천동지방 청년연합회에서 처음 만났다. 우리나라 정세가 매우 혼란스러웠을 때다. 1979년 10.26 사태를 비롯하여 12.12 군사 쿠데타, 1980년 5.18 광주민주화운동까지 그야말로 군부독재와 반민주 정권이 활개를 치던 철권통치 시대에 그를 만나 지금까지 선후배 사이를 유지하는 것은 필연이었다. 나의 고민을 토로할 수 있었던 곳은 교회 청년회였고, 감리교청년연합회였고, 인천기독청년협의회(EYC)였다. 김성복 선배는 맏형으로서 우리의 고민을 풀어주고 삶의 지평을 넓혀주신 분이다.

그가 36년간 목회를 하는 동안 많은 일을 목격하고 함께했다. 샘터교회를 개척하실 때 나는 주일학교 중등부 반사로 봉사했다. 교인과 시민이 함께 읽을 수 있는 「새누리신문」을 함께 만들기도 했다. 1995년에는 지방선거에 나서셨다.

사실 지난 주일 은퇴식에서 밝혀진 에피소드지만, 목사님에게 한번 걸리면 피할 수 있는 사람들은 별로 없었다. 끊임없는 사회 참여와 신앙생활을 연계한 실천적 활동에 많은 이가 함께했다.

그의 실천적인 목회 활동은 이력을 보면 확연히 알 수 있다. 십정동 골짜기에서 결식아동과 맞벌이 부부를 위한 선교 활동을 시작했다. 어린이집, 아동센터, 초등어린이집을 운영하며 사회 취약 대상자를 위한 일을 멈춘 적이 없었다. 교회와 교단 개혁에도 끊임없이 노력했다. 감리교부평서지방 감리사를 역임하고, 인천중부연회 감독에도 출마해 미자립교회 교역자 최저생활비를 보장하겠다는 포부를 내비쳤다.

한국기독교교회협의회(KNCC) 인권센터 이사장, 전국목회자정의평화위원회상임회장, 한국투명성기구 이사 등을 역임하면서 우리 사회 전반에 걸친 정의 부재 해결과 인권 신장을 위한 노력은 여전히 진행 중이다.

오랜 시간 우리 사회의 민주화운동과 교회 개혁 운동을 고민하고 실천했던 그가 조금 먼저 후배 목사에게 길을 열어주기 위해 은퇴를 결정했다. 40여 년간 그의 삶을 옆에서 봤고, 여러 도움을 받은 후배이기에 목사님의 은퇴 이후 삶이 궁금해지는 것은 나뿐이 아닐 것이다. 바라건대 무엇보다 건강을 회복하시길 바란다.

「인천일보」 2019. 05. 03.

부흥이 별건가요 연합하는 것이지요!

박순애 전도사

박순애 전도사님과 교회학교 선생님들 그리고 아동들!

샘터교회 창립 40주년에 이르기까지 교회를 사랑하셔서 성령의 이끄심으로 성장하게 하신 하나님께 감사를 드립니다. 샘터교회 성도님들을 그리워하며 보고 싶은 마음에 목사님이 보내주신 빛바랜 사진들을 보면서 그때 그 시절 예수님이 우리를 얼마나 사랑했는지 그 사랑이 느껴지고, 함께 했던 사랑하는 성도님들과 교회학교 아이들에 대한 그리운 마음을 담아 인사를 드립니다.

빛바랜 사진은 교회학교 여름성경학교 기념사진과 중고등부 아이들과 함께 찍은 사진이었습니다. 교회학교 아이들과 어우러져 찬양하고 율동하며 예배드리던 기억들이 어제 일처럼 생생하게 떠오릅니다. 아이들의 눈높이에 맞추어 놀아 준다고 누워서 구연동화를 하며 까르르 웃던 기억들과 교회 앞마당에서 떡볶이 전도, 풍선 전도를 했던 잊을 수 없는 기억들이 있습니다. 생각만 해도 이렇게 행복한데 주님은 그때 우리의 순수한 열정을 얼마나 기뻐하셨을까 생각하게 됩니다.

중 · 고등부 친구들과 경배와 찬양을 다니며 은혜받고 돌아와 연습하고 찬양 인도를 하고 친구들을 전도하여 그 자리를 채워갔습니다. 지금도 생각이 납니다. "전도사님, 저 전도했어요. 여자 친구예요." 이렇게 전도하여 예배의 자리가 채워졌고 수련회를 하면서 주님을 뜨겁게 만나는 체험들을 했습니다. 또한 주님 만나기를 사모하는 친구들을 위해 서로 중보하고 기도하면서 성령의 은사들을 받았던 기도의 부흥을 경험하기도 했습니다.

일부의 기억들이지만 그때를 회상하면 순수한 열정 위에 주님이 부어 주신 부흥이요 은혜이지 않았을까 생각해 봅니다. 초대교회처럼 "날마다 마음을 같이하여 성전에 모이기를 힘쓰고 집에서 떡을 떼며 기쁨과 순전한 마음으로 음식을 먹고" 이렇게 모이기에 힘쓰고 함께 있는 그 자체로 행복했는데 이것이 진짜 주님이 부어 주신 부흥이라 여겨집니다.

세월이 흘러 이제는 그 아이들이 성장하여 가정을 이루고 한 사회의 구성원으로 건강한 그리스도인이 되어 살아가고 있겠지만 주님은 그들을 통해 또다시 부흥을 경험하게 하시지 않을까 주님을 기대합니다. 또한 저에게 있어서는 잊지 못할 영적인 기념비로 마음에 새겨집니다.

그때 우리의 부흥의 중심에 주님이 항상 웃으시며 함께 계셨습니다. 그 주님의 일하심에 후회함이 없다고 말씀하시니 오직 감사와 기쁨밖에 없음을 고백합니다. "보라 형제가 연합하여 동거함이 어찌 그리 선하고 아름다운고"(시편 133:1). 연합하여 누릴 수 있는 부흥을 샘터교회에서 경험하게 하신 하나님께 감사와 찬양을 드립니다.

초등어린이집 아이들과 함께한 목회

지선화 전도사

신학대학을 졸업하고 1999년에 샘터교회에서 전도사와 샘터초등어린이집 교사로 섬겼습니다.

중고등부 담당 전도사로 사역하며 귀하고 사랑스러운 아이들과 함께 예배하고 기도했던 시간으로 인해 하나님께 감사드립니다. 순수하고 열정 넘쳤던 아이들이 성인이 되어, 교회와 사회에서 하나님의 사람들로 살아가고 있는 것이 얼마나 감사한지 모릅니다.

경제적인 문제로 온 나라가 힘들어하고 결식아동들이 늘어가던 당시, 샘터교회 김성복 목사님은 주변 초등학교에서 형편이 어려운 아이들 40여 명을 모아 초등학생을 대상으로 초등어린이집을 운영했습니다.

샘터초등어린이집 아이들과 함께 먹고, 공부하고, 놀고, 가정방문을 하며 지냈는데 참 가슴 먹먹하고 아픈 기억들이 많이 남아 있습니다. 자폐가 있는 아이도 있었고, 경제적인 이유로 상처받아 목소리를 거의 내지 못하던 아이도 있었습니다. 아픔이 많은 아이에게 밥을 먹이고, 함께 공부하고 또 아이들의 손을 잡고 기도하면서 많은 날을 눈물을 흘리며 지냈었고, 해맑은 아이들의 얼굴을 보면서 아이들의 앞날을 진심으로 응원하고 기도했었습니다.

나의 인생의 젊은 날에 샘터교회에서 귀한 사역을 할 수 있도록 인도하신 하나님과 김성복 목사님 그리고 샘터교회 모든 성도님께 진심으로 감사드립니다.

'작은 거인'의 교회와 맺은 인연

김광석 목사
주안지방 사랑의교회

제가 바라보는 샘터교회는 작지만 큰 교회입니다. 이것을 다른 말로 표현하면 '작은 거인'이라고 할 수 있을 것입니다. 제가 샘터교회와 인연이 된 것은 대학원 동기 사모님의 남편 되시는 분이 김성복 목사님의 후배 목사님이셨는데 제가 사회복지에 관심이 많은 것을 아시고 샘터교회를 소개해 주셨습니다. 이렇게 해서 그분의 소개로 2001년 샘터교회에서 전도사로 사역하게 되었습니다.

김성복 목사님을 처음 뵈었을 때 로만 칼라를 하고 계셔서 가톨릭 신부님 같아 조금 생소하고 낯설었습니다. 그러나 로만 칼라가 본래는 개신교에서 시작된 개신교의 전통이었다는 것을 안 이후로는 생각이 달라졌습니다.

그리고 또 하나 생소한 것은 매주 성찬식을 하는 것이었습니다. 하지만 매주 성찬식을 하면서 성만찬의 중요성을 말씀하시는 목사님을 통해 샘터교회는 전통과 영성을 중요시하는 교회라는 생각이 들었습니다.

처음 사회를 보는 날 성만찬 보좌를 하는데 목사님께서 건네주신 포도주잔의 포도주를 실수로 많이 마시는 바람에 머리가 핑 돌고 바닥도 울렁거리고 혼이 났습니다. 그런데 이상하게도 포도주에 취한 건지 성령에 취한 건지 모르겠지만 온종일 기분이 좋았던 기억이 납니다.

그러나 제가 생각하는 샘터교회는 전통과 영성만 중요시하는 교회가 아닙니다. 사회봉사관을 통해 지역사회와 함께하고, 지역사회를 섬기는 사회 선교의 성지와도 같은 교회입니다. 샘터어린이집과 초등어린이집을 통해 지역사회의 아동들을 돌보고 섬겼습니다. 그리고 도시락 배달을 통해 지역사회의 소외된 어르신들을 돌보고 섬기는 사역을 늘 한결같이 해오셨습니다. 그 외에도 남들이 하지 않는 일들을 묵묵히 해오셨습니다.

혹자들은 김성복 목사님이 목회에만 전념했으면 크게 부흥했을 것이라고 말을 합니다. 김성복 목사님 또한 주변에서 이런 말을 많이 들으셨을 것입니다. 그러나 주님이 주신 소명이고, 시대가 주신 사명이기에 묵묵히 그 길을 걸어가셨으리라 생각합니다.

제가 사역했을 때 목양실에 여러 자루의 목검이 있길래 목사님께 여쭤본 적이 있었습니다. 그때 목사님께서는 민족 무예 24반을 수련하는 경당에서 사용하는 목검인데, 민주화운동을 하다가 경찰에 끌려가서 고문당한 이야기를 들려주시며 그때의 트라우마를 극복하기 위해 목검으로 무장하고 있다고 말씀하셨습니다.

그 당시 겪었던 고난과 공포의 무게가 얼마나 컸으면 오랜 시간이 지났음에도 그 트라우마를 겪고 계신지 상상할 수 없었습니다. 그럼에도 김성복 목사님은 그 길을 포기하지 않으시고 묵묵히 지금까지 걷고 계십니다.

그리고 그 옆에는 늘 샘터교회 성도님들이 함께하셨습니다. 샘터교회 성도님들은 제가 지금까지 사역했었던 모든 교회 가운데 가장 정이 많으시고 사랑이 많으신 분들이십니다.

샘터교회는 저에게 있어서 고향 집과도 같은 교회입니다. 멀리 떨어져 있지만 늘 그립고 마음이 가는 그런 곳입니다. 부평구 십정동이라는 수도권에 있는 교회이지만 주일학교와 중고등부 그리고 청년들을 보면 너무나 맑고 순수했습니다. 그리고 성도님들은 너무나 정이 많으시고 사랑이 많으신 분들이셨습니다.

제가 전도사로 사역하는 동안 성도님들께 분에 넘치도록 사랑과 섬김을 많이 받았습니다. 비록 건강상의 문제로 오래 사역하지 못했지만 그럼에도 샘터교회는 저에게 늘 감사와 존경심이 가는 교회입니다.

김성복 목사님과 샘터교회는 이 시대의 참된 웨슬리언이자 지역사회를 섬기고 세상을 변화시키는 예수님의 참된 제자들이라고 생각합니다. 넓은 문과 평탄한 길을 마다하고 오히려 주님이 걸으셨던 그 좁은 길을 묵묵히 걷고 있는 참된 신앙의 공동체라고 생각합니다.

창립 40주년을 맞이하는 샘터교회와 모든 성도님에게 축하의 인사를 드리며 샘터교회를 담임하시는 윤요한 목사님께도 축하의 인사를 드립니다.

나날이 건강이 쇠약해지시는 김성복 목사님을 뵈면 늘 마음이 무겁습니다. 늘 강건하시기를 간절히 기도하며 창립 40주년을 맞이하여 진심으로 축하의 인사를 드립니다.

편향되지 않은 신학과 목회를 배우다

조은영
태국 선교사

안녕하세요. 태국 선교사 조은영입니다. 샘터교회 창립 40주년과 김성복 목사님의 『민중 목회의 길』 발간을 축하드립니다. 저는 2012년 감리교신학대학교 신학대학원에 입학하면서 샘터교회에서 교육전도사로 첫 사역을 시작했습니다. 대학원에 입학원서를 넣고 면접을 보고 합격했지만, 등록금이 준비되지 않아 입학을 고민하던 시기에 김성복 목사님을 알게 되고, 목사님을 통해 도움을 받아 대학원에 입학하여 사역자의 길로 들어설 수 있었습니다. 첫 사역이라 서툰 가운데서도 목사님, 사모님, 부목사님, 선생님들과 교우분들의 섬김과 배려 덕분에 약 3년 동안 샘터교회에서 전도사로서 사역을 이어갈 수 있었습니다.

샘터교회에서 좋은 분들과 함께할 수 있었기에 편향되지 않는 신학, 신앙 그리고 사역과 선교의 시각을 가질 수 있었습니다. 저는 태국에 선교사로 온 지 6년이 되었습니다. 이제는 결혼도 하고 5살 아들과 뱃속에 둘째도 얻었습니다. 샘터교회에 있을 당시와는 제 삶이 많이 바뀌어 있지만, 그때 맺은 인연들 그리고 샘터교회에서 사역하며 배우 것들이 다 자양분이 되어 선교지에서 그리스도인으로 선교사로 살아가게 합니다.

다시 한번 샘터교회의 창립 40주년을 축하드리며 감사의 말씀을 드립니다.

배태섭 장로님의 글

배태섭
샘터교회 명예 장로

오른쪽 뒷줄 모자 쓰신 분이 배태섭 장로님

(이 글은 샘터교회 명예 장로이신 배태섭 님의 글입니다. 배 장로님이 카톡이나 페북에 쓴 글을 가져왔습니다. 쓰신 그대로 옮겼기에 문맥을 알아볼 수 있다면 이해하며 읽어 주시기 바랍니다.)

한선우 권사의 소개로 샘터교회를 다닌 지가 20여 년이 지나갔습니다. 목사님과 같이 등산을 시작하여 교회 주변 산을 오르내리며 힘든 줄을 몰랐던 그때 그 시절 목사님이 가는 곳이면 어디든 따라다녔지요. 노무현 탄핵 반대 집회에 때에도 광화문 조선일보 맞은편 길바닥에 앉아 이명박 정부의 부당함을 외쳤던 일, 박근혜 정부 때엔 기독교회관에서 목요기도회를 시작한 후, 목요일이 되면 하루도 빠지지 않고 목사님을 따라다녔지요. 김신애 목사님이 봉고차에 저를 태우고 봄부터 시작한 기도회를 12월이 다 가도록 격주 목요일마다 기도회를 마치고 종로 5가에서 목사님은 앰프와 스피커를 메고 구호를 외치며 광화문 교보빌딩까지 행진하기도 하고, 어떤 날은 세종대왕 앞에서 무언 시위를 하고, 조선일보 맞은편 건물 앞에서 목사님의 발언이 시작되었습니다. 처음엔 대학생들이 많지 않았는데 매주 인파가 몰리기 시작하여 앉을 자리가 없을 정도로 많이 몰렸습니다. 박근혜를 탄핵하라는 구호가 나오기 시작하였지요… 목사님! 수고 많으셨습니다. 이만 줄입니다.

'오늘은' 1936년 음력 6월 2일 막내아들로 태어난 날이다. 늙은 애비 생신이라고 흩어져 살아가는 자식들이 지난 토요일 쉬는 날을 잡아 미리 생일 파티를 열어 즐겁게 손자 손녀가 부르는 노래를 따라 박수도 치며 즐겼는데, 오늘은 진짜 생일이라고 며느리가 차려놓은 밥상을 대하며 옛날을 기억 안 하려고 해도 생각이 자꾸 떠오르는 것을 어찌하랴? 호랑이도 죽을 때가 되면 지가 태어난 굴 쪽을 향하여 머리를 두고 마지막 숨을 거둔다는데! 오늘은 유난히 고향 생각이 간절합니다. 1950년 6.25 전쟁을 서울 창신동에서 겪다가 전쟁 난 지 13일 만에 피난 겸 교동 섬에 서울에서 도보로 유학생들과 같이 문산 장단 개성을 거쳐 예성강 하류인 병난도에서 사흘 밤을 새우고 호동면 봉아리 6촌 누님댁에서 신세를 지고 그 이튿날 4일째 되는 날에야 고향 땅인 교동도에 도착하여 안도의 숨을 고를 수가 있었다. 그때까지도 교동도는 평온하기만 했던 평화의 섬이었다. 물 좋고 공기가 맑은 고장! 바다에 나가면 모래 펄이 질펀하게 펼쳐진 비탈진 물웅덩이서 해물 고기 잡아 먹던 생각에 잠겨 보는 아침이다.

1950년 6월 25일, 71년 전 아침 안개가 자욱하여 시야가 무척 흐리고 숨쉬기가 답답하고 시원한 물속에 들어가고 싶은 날이었습니다. 라디오도 흔치 않은 세상이라 세상이 어떻게 돌아가는지 모르고 시민들은 살았습니다. 밥은 풍로에 숯불로 해 먹고 온돌방에는 장작으로 불을 지펴 초저녁엔 온기가 돌지만, 새벽엔 새우잠으로 아침을 맞이했던 미개한 시절이었죠. 전차들이 빽빽 소리를 내며 오고 가는 풍경은 시골에선 보지 못했던 광경이었습니다.

일요일인 오늘 저는 저의 집안 누나와 같이 뚝섬으로 놀러 가기 위해 기동차 정거장(동대문 옆에 있었음)에서 줄을 서서 순번을 기다리는데 요란한 굉음과 함께 보지 못했던 비행기 4대가 다가오더니 전단이 쏟아지기 시작했습니다. 시민들은 어리둥절했지요. 경찰들이 쫓아와 전단 내용도 읽지 못한 채 압수를 당했습니다. 동대문 바로 앞에 게시판 앞에 많은 사람이 모여 게시판을 읽었습니다. 수많은 시민이 전쟁 상황을 봐가며 피난 준비를 해야 한다고 했습니다. 저희 형님이 남대문 시장에서 포목상을 하셨는데 오늘은 일찍이 퇴근하시어 강화 교동으로 피난 준비를 하자고 했습니다. 하룻밤을 뜬눈으로 지새우고 운동 삼아 낙산에 올랐습니다. 그런데 쿵쿵 소리가 은은하게 들려 오곤 했습니다. 큰길에 나가보니 휴가 장병 외출 장병들은 청량리 역전으로 모이라는 군차량의 방송이 다급함을 알리는 듯했습니다.

27일 새벽에 일어나 피난 갈 준비를 하고 먹다 남은 보리쌀을 자루에 담아 넣고 준비하고 있었는데, 오후부터 대포 소리는 가까워지고 박격포탄이 하왕십리 민가에 떨어져 불에 타고 있었습니다. 다시 낙산에 올라가기 위해 대문을 열고 나오니 땀에 젖은 국방군들이 기진맥진하여 산으로 올라갑니다. 얼마 후 다시 시내로 내려와 어디로 갔는지는 모릅니다.

해 질 무렵이 되자 종로 길거리엔 누구나 할 것 없이 피난길에 나섰습니다. 한강을 건너가기 위해 노들 다리밖에 없으니 밤새도록 걸어왔지만, 이태원 입구에서 되돌아서야만 했습니다. 정부 고위 관리들이 한강교를 건넌 후 공병대에서 폭파했다는 것입니다. 시민들이 몰려 밀치는 바람에 강물에 떨어져 죽은 죄 없는 시민이 수만 명에 이를 것이라 했습니다. 다시 집으로 돌아오기 위해 샛골목으로 동대문에 도착했는데 길바닥에 호외가 뿌려져 발에 밟힙니다. 내용을 대강 읽어보니 "조선민주주의 인민공화국 만세, 김일성 장군 만세, 서울 탈환을 환영한다"라는 내용으로 꽉 차 있었습니다.

집에 돌아와 보니 아직 공산군의 수중에 들어간 것은 아니었습니다. 조금 후에 시가전이 시작됐는지 쿵 소리와 함께 콩 볶는 소리가 요란하게 납니다. 대문 틈으로 내다보니 경찰과 공산군과의 시가전이었습니다. 잠잠해진 후 길가에 나와 보니 경찰과 군인들의 시체가 여기저기 쓰러져 있었습니다. 이렇게 시민들은 9.28 수복 때까지 죽은 듯이 살아야만 했습니다.

1950년 7월 25일 남북 전쟁이 일어난 지 한 달이 되었다. 조용하기만 하던 교동도에도 인공기가 펄럭이고 리인민위원회가 생기고 붉은 완장을 찬 청년들이 떼로 몰려다니며 17세 이상 청소년들에게 의용군을 지원하라고 선전하기 시작했고, 저녁이면 부녀자와 노인들과 애들까지 지정한 장소에 모이게 하여 모기와 싸우며 빨치산 영웅가를 가르치며 김일성 장군 노래를 수없이 가르치며 결석한 주민에게는 이튿날 반드시 반성문을 써오도록 강요했다. 하루는 대낮에 인민재판을 한다고 하기에 가봤다. 한 위원이 친일 경력을 낭독하고 이 사람을 죽여야 하는지, 살려야 하는지 찬반을 묻는 순서가 됐는데 손을 들어 "죽여야 한다"라는 개인 감정이 짙은 몇 사람의 찬성 발언이 있었고 "그분이 무슨 죽을 죄를 졌느냐, 죽이면 안 된다"라는 지지 발언이 많아 부결되었다. 이것이 소위 인민재판이었다.

시골 농촌이라 집성촌이기 때문에 외로운 집안은 영문도 모른 채 소식도 없이 죽어야만 했다. 30세인 저의 형님이 한 분 계셨는데 일본 경찰을 피해 다니느라 목선 길이 38척의 배를 소유하여 배를 타고 왜경의 손이 닿지 않는 연평도-말도 외진 섬으로 피신을 여러 해 동안 다니다가, 해방을 맞이하면서 서울 남대문 시장에서 포목상을 하던 중 6.25 전쟁을 만난 것이다. 서울로 이사 갈 때 배는 팔지 않고 인척인에게 맡기고 갔었는데 하루는 저희 고종형이 무학리 인민 위원회 인민재판에서 사형선고를 받고 도망쳐 콩밭 고랑에 낮은 포복으로 밤중 피신을 오셨다. 황해도 연백 멈어리란 마을에 처가가 있으니 선박을 이용하여 피신을 시켜 달라는 것이었다. 그런데 물때(조류의 흐름)가 맞지 않아 3일 동안을 나뭇광에 지루한 폭염 속에서 두려움 속에 고생하시다가 밤중에 연백으로 무사히 피난을 시켰다.

이튿날 저녁에 신정균이란 한의사 겸 한학 선생과 저희 형님과 언쟁이 벌어졌다. 저희 고종사촌 형을 피신시킨 일이 발각됐나 하고

떨리는 가슴으로 가봤다. 한학 선생이 어느 빠른 새가 있는데 비행기보다 빠르다라는 말에, 우리 형님이 "새가 아무리 빠르다고 해도 미국 비행기는 못 따라옵니다"라고 했더니 "자네는 미국 가서 살아라" 하면서 비협조적인 반동분자라 하며 고성이 오가는 가운데 동네 분들이 뜯어말리는 사건이 있었다. 그 후로는 절대 밖에 나오시질 않고 "혹시 누가 묻거든 서울 갔다고 해라" 하면서 9.28 수복 이후 인민군들이 완전 퇴각할 때까지 바깥에 나오지 않으셨다. 다음에 시간이 되면 그때 다시 올리렵니다.

저희 동네 지석리 오미동 방정일 씨 가족이 계숙이 딸 하나만 살고 모두 특공대에 의하여 총살을 당했습니다. 정일 씨는 학자였습니다. 저희 형님하고도 막역한 친구 사이였죠. 지금 살아있는 사람 방현일 씨는 저희 후배입니다. 방계숙 씨는 그의 엄마가 남의 집 아이라는 바람에 살아났다고 합니다.

1960년 4월 19일 혁명 기념일, 내각 책임제의 개헌과 동시에 참의원과 민의원으로 민선 정부가 수립되었다. 대통령에 윤보선 국무총리엔 장면 내각이 집권하는 민주 정부가 완성되어 병역 미필자들이 논산 훈련소에서 열심히 훈련을 마치고 각자 수여 받은 주특기대로 병과가 분리되어 각자 뿔뿔이 헤어졌다. 그러나 일 년도 채 안되어 1961년 5.16 군사 정변이 일어나 장면 민주 정부는 쓰러졌고, 삼천리 방방곡곡엔 새마을 노래와 함께 농촌엔 없는 돈에 초가지붕 없앤다고 농협 대출받아 슬레이트 지붕을 설치하였는데 석면이 인체에 해롭다는 뉴스를 보고 깜짝 놀랐다. 국민 건강까지 해치는 병 주고 약 주는 군사 정권! 그때부터 나는 야당의 길을 걸어왔다.

1948년 4월 3일 제주 4.3 사건을 아십니까? 제주도민 3만여 명을 산골짜기로 몰아넣고 무장 군인과 경찰과 서북청년단원들이 총동원되어 기관총으로 난사, 심지어 어린애들까지 무자비로 학살하고 흙으로 생매장하고도 모른 척해버린 사건이다. 그때부터 아는 사람들도 입을 봉한 채 74년이란 기나긴 세월 속에 한 맺힌 세월이 지나가 버렸다. 그 당시 이승만 자유당 정부는 혹시라도 소문이 날까 봐 빨갱이로 몰아 귀신도 모르게 사라지게 했던 것이다. 백범 김구 선생님도 제주 사건을 파헤치려다 비명에 가셨다. 당시 자유당의 만행을 어찌 필설로 다하랴! 친일파 매국노들에 의해 저질러진 양민 학살 사건임을 90대 노인들이나 알법한 사건이다. 당시 문맹자가 80%였었다. 역대 정권들이 제주 4.3 사건을 비밀에 감췄어도 진실은 밝혀지게 돼 있다고 하겠다. 당시 경무청장 조병옥 박사, 대법원장 김병로 자유당 시절 유명 인사들은 모두 친일파였다. 당시 제주도민들은 남녀 누구나 무학자가 한 사람도 없었다고 한다. 이승만 자유당 정부가 반민법을 폐기하자 이에 분노한 도민들이 들고 일어난 사건이 화근의 불씨를 던진 것이다.

시골에 살 적에는 음력 5월 5일은 단오절이라 하여 아무리 가난하여도 조상님들에게 단오 명절 차례 제사를 올리고 온 동네가 일손을 놓고 그네를 매어 놓고 그네뛰기를 하며 즐겼는데 너도나도 단오절도 모르고 지냈다. 유신정권 하에서도 단오절은 계속되었으나 자녀들이 도시로 뿔뿔이 떠난 후에는 농촌의 미풍양속은 차차 식어 가고 있다.

이가난진의 시대! 가짜가 진짜를 어지럽히고 거짓이 진실인 양

거짓이 진실을 뒤흔드는 세상! 백성들은 진실을 알아보지 못하고 거짓을 따라가다 패망한 이스라엘 민족과 흡사합니다.

4부

<학위 논문>

샘터교회와 매 주일 성찬식이
영성에 미치는 영향에 관한 연구

※ 4부는 김성복 목사의 목회학 박사학위 논문입니다.

한국어판 감사의 글

이 논문을 하늘나라에서 잠들어 계신 나의 사랑하는 어머님 고 강안순 집사님께 바칩니다.

> 만사에 다 때가 있다고 성경은 말하고 있습니다. 천하에 범사가 기한이 있고 모든 목적이 이룰 때가 있나니 날 때가 있고 죽을 때가 있으며 심을 때가 있고 뽑을 때가 있으며 죽일 때가 있고 치료시킬 때가 있으며 헐 때가 있고 세울 때가 있으며 울 때가 있고 웃을 때가 있으며 슬퍼할 때가 있고 춤출 때가 있으며 돌을 던져 버릴 때가 있고 돌을 거둘 때가 있으며 안을 때가 있고 안는 일을 멀리 할 때가 있으며 찾을 때가 있고 잃을 때가 있으며 지킬 때가 있고 버릴 때가 있으며 찢을 때가 있고 꿰맬 때가 있으며 잠잠할 때가 있고 말할 때가 있으며 사랑할 때가 있고 미워할 때가 있으며 전쟁할 때가 있고 평화할 때가 있느니라(전 3:1-8).

지나온 세월을 돌이켜 볼 때 삶의 고비마다 하나님의 손길이 임하여 있었음을 고백하지 않을 수 없습니다. 재수하고 나서 77년 연세대 신학과에 입학하여 기독학생회 운동에 발을 들여놓은 이래로 1980년 5월 '광주'를 거치면서 감리교청년운동, 기독청년운동, 민중교회운동, 목회자정의평화실천운동, 민주화운동, 인권운동, 통일운동, 교육개혁운동, 환경운동, 시민권리 회복운동, 주민자치운동 등 교회와 사회를 넘나들며 이러한 운동을 목회의 일부분으로, 아니 절반으로 생각하고 살아왔습니다. 그 당시 나의 선택에 대하여 나는 전혀 부끄럽지 않을뿐더러 후회하지 않습니다.

그러면서도 '운동권'에 대한 부정적인 인식, 공부하기 싫어서 데모하고 실력이 없어서 불평불만이나 하는 그런 부류가 아니라는 것을 증명하기 위하여 더 많이 성경을 읽고 새벽기도 빠지지 않고 드리고, 심방과 상담을 부지런히 하면서 샘터교회 목회를 감당해 왔습니다. 1인 2역이 아니라 어떤 때는 3역, 4역을 하다 보니 무엇하나 제대로 된 열매를 거두지 못한 것이 아닌가 반성도 해봅니다.

1992년 감리교 신학대학 신학대학원에서 석사 학위 과정을 필하고 석사 논문 "교회력에 의한 성서일과 연구"를 제출하여 학위를 받았을 때, 예배학에 대한 관심이 넘쳐 났고 더 공부하고 싶은 의욕이 생겼습니다. 1990년대 중반에 이제는 민주화도 어느 정도 이룩되었으니 실력을 쌓아야 할 때라는 생각을 갖게 되었습니다. 그래서 도전한 것이 목회학 박사 학위입니다. 1996년 미국의 수도 워싱턴에 있는 웨슬리 신학대학원에서 한국인 목회자들을 위한 목회학 박사과정을 개설하고 학생을 모집하는 것을 알게 되었습니다. 샘터교회 임원들이 안식년을 대신하여 1년에 두 달씩 미국에 가서 공부할 수 있도록 결의해주어 공부할 기회를 갖게 되었습니다. 학비는 후원자들의 도움으로 충당하였으나, 중간에 IMF가 터지면서 원화 폭락으로 수업료 및 교통비 증가 등 부담이 커져 중단 위기를 만나기도 했지만 주님의 도우심으로 잘 극복하여 왔습니다.

한국인 과정(Korean tracks)에는 미국에서 목회하는 목사님 15명과 한국에서 참여하는 3명 합하여 18명이 한 반을 이루어 공부를 하는데 수업 분위기가 너무도 진지하고 배울 것이 많아서 참으로 좋았습니다. 그분들 모두에게 감사를 드립니다. 어윤호 목사(버지니아

리치먼드, 엠마오연합감리교회) 정광호 목사(뉴욕, 연합감리교회 감리사) 전상윤 목사(미시간주, 연합감리교회) 조건상 목사(덴버, 에즈버리 연합감리교회) 김두범 목사(필라델피아 대광교회) 이재덕 목사(뉴저지 연합감리교회) 장이규 목사(시카고) 이동섭 목사(뉴욕 만백성연합감리교회) 이선영 목사(덴버, 그리스도중앙연합감리교회) 이승우 목사(워싱턴 한인민족감리교회) 조병우 목사(플로리다, 템파한인연합감리교회) 박병윤 목사(보스턴 한인연합감리교회) 신영각 목사(L.A. 벨 메모리얼연합감리교회) 이성현 목사(L.A. 한인연합감리교회) 이병일 목사(강현한서 감리교회) 김경진 목사(메릴랜드 호산나감리교회) 서구석 목사(정동제일감리교회) 등 여러분께 감사를 드립니다. 다양한 경험을 바탕으로 높은 수준의 수업을 할 수 있었던 것이 무엇보다도 좋았던 것 같습니다. 영어 실력의 부족함을 동료 목사님들의 도움으로 극복할 수 있었습니다.

이 논문을 주님 안에서 잠들어 계신 어머님에게 바칩니다. 어머니는 제가 미국의 웨슬리 신학대학원에 공부하러 다닐 때 위암으로 소천하셨습니다. 어머님은 뒤늦게, 아들이 목사가 되어서 목회를 할 때 예수 그리스도를 영접하셨고, 천성이 종교심 깊으신 분이라 열심히 신앙생활을 하시다가 집사의 직분을 받으시고 교회를 위하여 충성스럽게 일하시던 중 돌아가셨습니다. 모든 자식 된 자들이 다 같은 마음이지만 제대로 효도를 못한 것이 참으로 죄송스럽습니다.

샘터교회 성도 여러분께 감사드립니다. 안식년을 대신하여 일 년에 두 달씩 미국에 가서 공부할 기회를 만들어 주었기 때문입니다. 목회학 박사학위가 목회에 필요한 것은 아닙니다. 그러나 그중에 배운 것은 목회에 많은 힘을 공급해 줍니다. 더욱 교회를 위하여 충성하며 올바른 목회를 감당하도록 노력하겠습니다.

작은 교회를 담임하는 목사가 무슨 목회학 박사 학위냐고 처음부터 단념할 수도 있었지만, 21세기를 준비하기 위하여 투자해야 한다는 신념을 꺾지는 못하였습니다. 그동안 학비와 여비를 마련하기 위하여 전화를 드렸을 때 도와주신 여러분께 감사드립니다. 그분들의 이름을 밝히지는 않지만, 그 도움을 저는 평생 잊지 못할 것입니다. 위로와 용기를 준 모든 분들에게 감사드립니다.

논문과 레포트를 작성할 때, 영작 실력이 부족하여 도움이 필요할 때 도와준 이효삼 목사, 김성남 목사, 위일선 변호사, 김옥연 목사, 곽지선 목사와 신학적 조언을 해준 천사무엘 교수, 이성민 목사 등과 아울러 최종 점검(proof reading)을 해주신 바바라 스미스 장 교수님께 감사를 드립니다.

논문 심사를 까다롭게 해주신 디드라 크리월드 교수님께 감사를 드립니다. 솔직히 말씀드려 저는 상당한 부담을 받았습니다. 크리월드 교수님께는 한번도 강의를 들어본 적이 없었고, 교수님을 알지도 못했고, 교분도 없었기에 또 나의 영어 회화 능력은 부족하기 짝이 없었기에 넘어야 할 고개가 많았습니다. 논문 심사 과정에서 많은 성장이 있었음을 감사하게 생각합니다.

미국에 가서 공부를 마치고 귀국 길에 여러 친구의 집을 방문하고 왔는데 그분들에게도 감사를 드립니다.

쉬지 않고 기도해 주신 장인 이재희 장로님과 장모 황혜자 권사님께 감사드립니다.

끝으로 학위 받을 때까지 인내하며 지켜봐 준 나의 아내 이은미와 새롬이, 새날이 모두에게 깊은 감사를 드립니다.

학위 과정을 위하여, 논문 쓴다는 이유 때문에 그동안 뒤로 미루어 놓은 일이 너무도 많습니다. 저를 열외로 만들어 주셔서 공부할 시간을 갖게 해주신 시민단체 목회자 단체 관계자 여러분께 감사드립니다. 이제 그 현장으로 달려가고자 합니다. 더욱 열심히 노력하겠습니다. 거듭 감사의 말씀을 드립니다.

2001년 5월 하순 샘터사회복지관 3층 서재에서

ABSTRACT

The Effects of the Eucharist on Spiritual Growth
of the Samtuh Methodist Church

The primary purpose of this project is to explore the Eucharist in the Samtuh spiritual growth and to develop sacramental spirituality through the weekly celebration of the Eucharist in the Samtuh Methodist Church. This project critically examines spirituality and sacramental spirituality as related to the celebration of the Eucharist in weekly liturgical worship.

The project results provide a foundation for a vision of sacramental spiritual growth. In order to embrace this vision, the Eucharist must be celebrated in the every Lord's Day worship.

CONTENTS

CHAPTER 1: Introduction

In 1983, one year after graduating from my theological studies, I began my pastoral ministry by establishing a chiirch in an undeveloped, poor area in the metropolitan city of Inchon, South Korea. At that time, the Miiyung Church Movement, which emphasized ministry to the poor and the oppressed, was increasing in popularity. I have been the pastor of this church for the past 18 years. The congregation numbers slightly over one hundred adults at the present.

After I finished my graduate studies at Methodist Theological Seminary in Seoul, I focused on the study of Christian liturgy. I began serving Holy Communion during worship every Sunday. Each and every Sunday, my church celebrates the Eucharist according to Lima document from World Council of Churches, including the service of the Word.

In contrast to the Roman Catholic and Anglican Churches, who have had a strong tradition of celebrating the Eucharist, most

Korean Protestant churches, whether Methodist, Presbyterian, or whatever denominations, have formulated their services with a heavy focus on the sermon. Because of this, some church members have been confused and have questioned the new-style worship of my church.

Responses from the congregation regarding the weekly Holy Communion have been diverse over the years. Some members loved the idea and have been pleased to have Holy Communion during every Sunday service. On the other hand, some members asked question about what is special in having weekly Eucharist, whether or not it is helpful or useful for the faith to have Holy Communion every Sunday, and, why we have Holy Communion every Sunday while others do not? Some members were concerned about being different from the main stream and did not participate at all, especially for the first few years. Some members even opposed my decision not to allow non-baptized members to participate in the Eucharist. For the last 10 years, however, weekly Holy Communion has become one of the most crucial parts of the Sunday service of my church.

The main goal of having the Eucharist every Sunday has been to improve the spirituality of the congregation as a whole, and of each and every member of the congregation. Through the years that I have held the weekly Eucharist, I have developed the theological concepts of the "body" and "blood," both of which are related to Christian spirituality. I will explore these concepts in my research by studying the Bible and Church History, along with research on my own congregation through their story-tellings and interviews and surveys.

I am planning to interview those who have had spiritual experiences through the Eucharist and to survey most of the congregation in the Samtuh Methodist Church. I will analyze 45 congregational reports that I currently have. This research is based only on the Samtuh Methodist Church congregation as an exemplar. The members of the Samtuh Methodist Church number about 150 including children. Those who take part in the weekly Eucharist average between 70 to 80 members. I have interviewed 30 people.

This thesis seeks to find ways to develop the possibility of spiritual growth through the practice of the Eucharist every Lord's Day in Samtuh [Springs] Church. It deals with the following; how to measure spiritual growth and what is meant by spiritual growth.

First of all, this thesis alludes to the meaning of the Spirit and spirituality. Here it means that to grow spiritually is to confirm one's salvation, to live life more closely with God, and further to be like Jesus Christ as Christ's disciples followed Jesus as a model. Growing spiritually means knowing God more deeply and widely, worshipping Him more highly, and obeying His Word more completely. Therefore, to be able to measure the growth of spirituality, this thesis makes use of interviews and questionnaires to compare the degree of change between the past and the present.

This thesis explains and emphasizes the importance of sacramental spirituality to spirituality growth. Sacramental spirituality, as suggested in the word, means the spirituality obtained through the sacraments. The Roman Catholic Church recognizes seven sacraments, while Protestants only recognize baptism and the Eucharist as sacraments. Participation in the Eucharist ceremony every Sunday is an unusual religious experience in the Protestant setting.

Therefore, this thesis shows how, based on the above discussion of spirituality, the weekly Eucharist ceremonies enhance the spiritual growth of Samtuh Church.

This thesis investigates what the weekly Sunday Eucharist ceremony has to do with the spiritual growth of Samtuh Church.

Chapter 1 states the proposal of this thesis as mentioned above. In Chapter 2, the thesis is focused on the understanding of sacramental spirituality. It studies the Eucharist as sacramental ceremony; worship and spirituality; the Eucharist and spirituality, and the spirituality of the Eucharist repeated every Sunday. Chapter 3 investigates the understanding of the Eucharist Jesus Christ is viewed as the sacrifice for atonement. Spiritual growth, by this reasoning, means the confirmation of salvation. Salvation is understood as atonement, namely, the forgiveness of sins, so this thesis suggests that the Eucharist same as of atonement. This thesis investigates the Biblical Eucharist based on the body and blood of Jesus Christ. Chapter 4 studies the frequency of the Eucharist service again intensively and its effects on spirituality. Through comparison with the Catholic Church, the project will touch on how weekly communion promotes sacramental spirituality. Chapter 5 presents a Biblical survey based on the body and blood of Jesus Christ, the theology of the body and of the blood, and the relationship of spirituality to the body and blood. This project notes how the body of participants reacts when they have the body and blood of the Eucharist. Chapter 6 surveys the reactions of the members of the Church, the confirmation of salvation by eating the body and blood of Jesus Christ as the spiritual reality, and the gradually firmer degree of the confirmation of salvation. Then this project states that their firm confirmation is the very growth of spirituality.

CHAPTER 2

This chapter examines the spiritual aspects of the Eucharist. It explains the concept and meaning of spirituality and tests whether or not spirituality can actually be attained and developed by the sacrament. It also examines what types of worship can change church members, and whether it is possible to grow the faith for the spiritual life by consecrating the Eucharist as one of the sacraments.

1. The Spirit and spirituality

The Holy Spirit is the very being of God. Spirituality means the individual or community practice of religious life through the Holy Spirit. In this paper the word "religion" means to pursuit an ultimate worth. Christian spirituality has Jesus Christ as the spring of spirituality and the experience of unity that meets God through Christ. Jesus Christ is the archetype of Christian spirituality and the best model of humility with self-renunciation, self-denial, the sharing of life through non-possessiveness, absolute trust and obedience to God and the practice of loving with self-devotion. To realize a life like Jesus, that is, to grow spiritually, there are many methods of grace. John Wesley suggested prayer, fasting, meditation and Bible reading, and Baptism and the Eucharist as the means of grace.

Spirituality can be enhanced by being practiced certain spiritual disciplines. Spirituality not being practiced is not true spirituality. Although one's worldview and view of the self may change, if one's practical life and character are not changed, then one cannot be called spiritual. This project discusses the spiritual growth of the church's congregations that occurs by practicing sacramental spirituality, especially the Eucharist in the every Sunday worship.

2. Spirituality in the Eucharist

Is it possible to increase sacramental spirituality through weekly Eucharist? This is the question that I plan to explore in this chapter by summarizing various writings of a few authors on the topic. I would like to establish support from these authors' writings that the weekly Eucharist is a means to strengthen sacramental spirituality. Through this study, I would like to find out how "we as Christians can be reconstituted as the body of Christ and empowered to be Christ's presence in the world."[1]

I also would like to examine the role of the church in assisting church members to attain a higher level of spirituality through the weekly Eucharist. The reason is that because I believe that as we reinforce our experience of unity with God and with each other in Christ each week, "we can return to our daily lives and work as a sign and witness to the reality of God's reign"[2] more

1 Called to Teach and Learn: A Catechetical Vision and Guide for the Episcopal Church, (New York, PECUSA, 1994) p.70

2 Ibid., p.71.

effectively.

3. Sacramental Spirituality and Supporting Arguments for the Weekly Eucharist

To understand the concept of the sacraments, it will be helpful to study the sacraments as a means of spiritual growth from the Roman Catholic Church's viewpoint. Jordan Aumann first posed the question, "What is spiritual growth?" and answered by stating that spiritual growth is accomplished through living a spiritual life. The best way to live a spiritual life is "imitatio Christi." 'Imitation of Christ' is to live the life of the historical Jesus of Nazareth in this world. To lead a spiritual life, the Roman Catholic Church's view is that all Christians need three principal means toward a successful spiritual life: the sacraments, meritorious good work, and prayers of petition.

> It should be noted at the outset that there is marked difference in the efficacy of the three principal means by which grace and charity are increased. If we were to arrange these three means in the order of their efficacy, we would list first the sacraments, then meritorious good works, and finally the prayer of petition.[3]

By way of quoting this view of the Catholic Church, the author

3 Jordan Aumann, Spiritual Theology (London: Sheed and Ward, 1980), p.209.

clearly emphasizes the role of the sacraments toward attaining a spiritual life. According to the author, if we are to understand the sacraments, first we have to know that they are signs or symbols that actually effect what they signify.

> The sign alone, such as the pouring of water, anointing with oil, or sharing in bread and wine, could mean many things, but when these signs are true sacraments, they have a meaning, a relationship to a reality that was specified by Christ himself. The sign or action passes, but the reality of the effect, the grace received through the merits of Christ, remains. The sacraments, like the deeds of Christ, retain their sanctifying power for all time.[4]

Roman Catholic theologian Jordan Aumann describes the sacraments as actions of Christ and emphasizes several important pastoral implications:

(1) "In her sacramental actions, the church does and wills what Christ does and wills, not only because the church is united with Christ, but also because He gave the church authority over the administration of sacraments."

(2) "All apostolate and ministry, even the lofty mission of preaching the Gospel, should lead people to the sacraments, which are, within the framework of the liturgy, the summit toward which the activity of the Christ is directed; and the font from which

---

4 Ibid., p.210.

all her power flows."

(3) "The church as sacrament, and as commissioned by Christ to bring all peoples to him through the sacraments, serves as a basis for determining the essence and goal of priestly ministry."[5]

On the part of the recipient, Aumann emphasizes that an understanding of the sacraments as points of contact with Christ is important in dispelling the notion that the sacramental signs and gestures are some kind of magic formula that works automatically. He then offers his view objecting strongly to routine and monotonous reception of the sacraments, "especially regrettable in the reception of the Eucharist."[6]

Aumann goes on to emphasize the importance of preparedness on the part of the recipient of Communion. He argues that it is necessary for the worthy reception of Communion that the recipient be in the state of grace and have the right intentions. He further states that since the grace received from Communion depends ultimately on the disposition of the recipient, "it is also necessary to make a proximate preparation for receiving the Eucharist."[7]

According to this author, the first requisite is "faith." Secondly, one should approach the Eucharist with "profound reverence and deep humility." Thirdly, one should receive the eucharistic Lord with "loving confidence," trusting in the infinite love and mercy of Jesus who came among us precisely to redeem and save us.

Aumann then emphasizes the importance of cultivating the

---

5 Ibid., p.210

6 Ibid., p.210.

7 Ibid., p.220.

proper disposition for the fruitful reception of Communion. He laments that "in modem times the ease and frequency for receiving sacramental Communion have resulted in less emphasis on the practice of spiritual Communion." He then concludes that it is nevertheless a praiseworthy devotion.[8]

Aumann refers to the position of the Council of Trent which had pointed out three primary ways of receiving the Eucharist: sacramentally only, spiritually only, and both sacramentally and spiritually. The first case would apply to " sinners" who receive Communion with an emphasis on form, or the ceremony itself. The second case would apply to those who may have the faith and the desire to receive the Eucharist, but focus only on the spiritual aspect of Communion without displaying actual charity and devotion. The last case would apply to those who receive Communion with proper dispositions of faith, charity, and devotion. It is, however, noted that he is not denouncing Communion that may be only spiritual without also being sacramental. He claims that even that Communion offers value to participants through its "orientation to sacramental Communion, that the real effects of spiritual Communion depend on the intensity of one's faith, and that it still is an excellent way of uniting oneself with the eucharistic Lord and other participants in the Communion."[9]

Scriptures clearly mention that in order that we should always remember Him and what He has done for us, our Lord gave to His disciples the observance of the Lord's Supper, and commanded

---

8 Ibid., p.221.
9 Ibid., p.221.

them to continue it. As St. Paul wrote to the Corinthians,

> For I received from the Lord what I also passed on to you. The Lord Jesus, on the night he was betrayed, took bread, and when he had given thanks, he broke it and said, 'This is my body, which is for you; do this in remembrance of me.' In the same way, after supper he took the cup.saying, 'This cup is the new covenant in my blood; do this, whenever you drink it, in remembrance of me.' For whenever you eat this bread and drink this cup, you proclaim the Lord's death until he comes(Cor. 11:23-26 [NIV]).

Episcopal professor Massey H. Shepherd offers his understanding of the phrase "in remembrance of me." He claims that to remember Him is to have Him present in our core being. It means that we should be united to Him by way of "sharing in His self-offering and thereby sharing also in His victory over sin." Therefore, he argues that when we take bread, bless, break and eat it and when we take a cup of wine, and bless and drink of it "in remembrance of" Him, we are by His promise made one with Him.[10]

Another writer, Emory university faculty Don E. Saliers, a United Methodist, further expounds on the above issue and offers his view that the passage, "Do this in remembrance of me," means "re-experiencing" what He has done for us through the four ac-

10 Massey H. Shepherd, Jr. The Worship of the Church, (Connecticut: The Seabury Press, 1952) p.144. Don E. Saliers, Worship and Spirituality (Ohio; OSL Publications 1996) p.62.

tions at the table; take, bless, break, and share.[11] Saliers offers a very interesting insight into the above four actions. He points out that of the four actions, three are essentially nonverbal. Only the second, "bless," is verbal. He traces these prayers of thanksgiving over the bread and the cup to the already practiced and well-known Hebrew prayer forms-most notably prayers of blessing, praise, thanksgiving, and supplication-he claims that these forms of prayer carried over into the earliest forms of the eucharistic prayer itself. Based on his study of these prayer forms, he claims that the essential element in these prayers was a recalling of the mighty works of God in creation and history. But he makes an extra effort to point out that remembered and recited thanksgivings, praises, and supplications are parts of the present encounter of the actual presence of God. These prayers that accompanied the three nonverbal actions of the Communions, according to Saliers, are living remembrances that consecrated and sanctified the ordinary gifts of bread and wine and that enabled the community to discern the power and presence of God in Christ by faith.

At this point, let me move back to Shepherd's writing that offers support for holding more frequent Communion. Massey H. Shepherd briefly traces the history of Holy Communion and provides it as evidence or support for holding frequent Communion. Based on his study, it is evident that Holy Communion has always been celebrated very frequently from the earliest times on many special occasions including marriages and burials. He points out

11 Don E. Saliers, Worship and Spirituality (Ohio; OSL Publications 1996) p.62.

that in the medieval Western Church, it was celebrated every day wherever there was a priest to serve at an altar and in many places it was even celebrated several times a day.

It is interesting that Shepherd disputes a notion that the Protestant Reformers of the sixteenth century opposed the frequent celebration of the Eucharist. Rather, he claims that what they opposed was the frequency of celebrations without communion by the people. He points out that all the reformers, except Zwingli, insisted that Holy Communion be the principal service every Sunday and major holy day. As support for more frequent Communion, Shepherd claims that the restoration of more frequent celebrations in the Catholic churches, and an emphasis on more adequate preparation for participation in them resulted in the church's revival in the nineteenth century, commonly known as the Oxford movement.

4. The Wesleyan View on the frequency of Holy Communion

According to Steve Harper, who is United Methodist writer for the Upper Room, despite the Order of Communion in the Book of Common Prayer, which emphasized frequent Communion(every Sunday at the least), it was ignored the practice with many people receiving the Communion only twice a year, some only quarterly, and others perhaps once a month. He points out Wesley's saying that no man can have any pretence to Christian piety, who does not receive Communion not once a month, but as often as he can.

He again notes that Wesley specifically instructed the elders of the early American church to administer the Supper of the Lord on every Lord's Day.

Urban Holmes, one of the most influential Episcopal teachers and theologians of the twentieth century, offers an insight on the question of the frequency of celebration of the Eucharist. He presents an assertion by some that too frequent celebrations could become a mere observance. He counters it by saying that this fear is caused by their tendency to see the Eucharist as needing to be a part of some emotionally compelling experience. He further claims that the church needs to examine this view, which equates effective worship with an emotional charge. According to Holmes, communion does not have to be an emotional experience to offer its value to participants.[12]

The professor at Asbury Theological Seminary Steve Harper offers a closer look at Wesley's views on the Eucharist. According to Harper, Wesley had three dimensions in his theology of the Lord's Supper. First, to the question, "What is the Lord's Supper?" Wesley answered that Holy Communion is a memorial meal. Juice and bread are symbols of the New Covenant established by Jesus and those things are reminders that this covenant is still in effect. Harper suggests that Wesley understood the phrase, "in remembrance of me," as recalling an event that it comes thoroughly alive in the present.

The second dimension in Wesley's theology of the Lord's Supper relates to the real presence of Christ. According to Harper,

---

12 Urban T Holmes, Spirituality for Ministry (San Francisco: Harper & Row, Publishers, 1982) p.125.

Wesley took the position that by his own choice the risen Christ is truly present whenever the Lord's Supper is observed. Christ does not come through bread and cup, but he comes through the Spirit. Christ is really there.

The third dimension of the Lord's Supper for Wesley was its serving as a pledge. Harper offers his view that according to Wesley, the Lord's Supper is a pledge of future glory. The sacrament is a promise of the future, which awaits the Christian in heaven. Harper states that with these threefold views of the Lord's Supper, Wesley made it a vital part of the devotional life. Harper adds that true spirituality includes the elements of contemplation, experience, and hope. Harper concludes his study of Wesley's theology on the topic by the saying that each of these is realized through Communion.[13]

5. Conclusion

According to Macquarrie, the Church is the place where the building work of the Spirit proceeds most intensely. His view is that we should be able to see in the Church a true spirituality with the process of breaking open and bringing forth the new qualities of a truly spiritual humanity. Macquarrie insists that the church, as a community of the Spirit, should have an environment conducive to the development of full personhood. He further claims that the Holy Eucharist is the center of all Christian worship and spirituality.

---

13 Steve Harper, Devotional Life in the Wesleyan Tradition (Nashville, Tennessee; The Upper Room, 1983) p.39.

He points to the past hundred years plus in Church history during the time when the Church was engaged in stressing the importance of the Eucharist. The church has also tried to ensure that its place is not overshadowed by other devotions. He further says that the duty and privilege of the Christian is to play his part in offering the eucharistic sacrifice and in receiving Holy Communion.[14]

The Holy Eucharist is the center of all Christian's worship and spirituality. There can be no substitute for it. It is described in the Book of Common Prayer as 'our bounden duty and service'. for it is the way appointed by our Lord to remember Him. For the past hundred years or more, the church has been engaged in stressing the centrality of the Eucharist, and has tried to ensure that its place is not usurped by other devotions, public or private, however laudable these may be.

Through this study on the topic of "Sacramental Spirituality," my original conviction has been reaffirmed that the frequent Eucharist should be a central element to building a spiritually strong congregation. With the new millennium just beginning, Christians should strive to regain the spirituality of the early church, by understanding the real meaning of the true Eucharist and by offering frequent celebrations to all believers.

14 John Macquarrie, Paths in Spirituality (London, SCM Press, 1972) pp.50-51.

CHAPTER 3: We remember Jesus' atonement for us in the Eucharist

While I was studying the Lord's Supper, by chance, I had an insight on atonement through the death of Christ. The concept of atonement helps me to understand the Lord's Supper. The Lord's Supper includes the meaning of atonement. The more I approach the concepts of atonement, redemption, sacrifice and salvation, the more I understand the meaning of the Lord's Supper. In this chapter, I will analyze how the atonement appears in Lord's Supper. This chapter shows the connection between atonement and the Eucharist, and studies the relationship of the spirituality.

1. Eucharist and Atonement

The Lord's Supper is called the Eucharist. This means thanksgiving. Thanksgiving is to give thanks that in order to forgive our sins God gave us the body of Christ as a sacrificial offering. The death of Jesus Christ on the cross is interpreted as that of the Lamb of God who pays the price of sin. The Lamb of God, the Passover lamb, is related to the Pasch festival of Judaism. Judaism of the Old Testament has the faith-background of sacrifices, offerings, and the idea of atonement. A study of sacrifice in the Old Testament helps the church to understanding the meaning of Jesus' words, " This is my body, and this is my blood shed for you. The meaning of Jesus Christ's proclamation that the bread and wine were his body and blood illuminates the Eucharist as atonement.[15]

The understanding that "my body"(Mk 14:22) and "my blood" (Mk 14:24) are related to the sacrificial lamb of the Passover has an important meaning. It seems that by saying "This is My(sacrificial) body, this is My(sacrificial) blood," Jesus definitely proclaimed himself to be the Lamb of God. The order of the Passover meal is the first cup of the Passover blessing, then grilled food with vegetables and jammed fruits, and finally the Passover service with the second cup. The central part of the meal begins with a blessing of the unleavened bread. At this point, this is the Passover meal. Jesus here connects His body and blood with the Passover.

When considering the relationship between the meaning of the Jesus' sacrificial death and salvation and the Passover, the record of Exodus 12 is important. This passage describes how the original Passover lambs were sacrificial offerings whose blood was sprinkled on the doorposts. The result of this action was to save the lives of the first-bom sons of the Israelites and save their families, so it is understood in such context. The actual meaning of the Passover lamb can be understood as either bringing about the redemption of Israel or the salvation of Israel from destruction. Even though the lambs did not know their effectiveness themselves, the lambs represented their effective death in Egypt. By the same reason, the bread and the wine themselves do not possess any proper effectiveness, but represent the sacrifice of Christ for the atonement. The Last Supper was a new way to remember the Passover for the followers of Jesus and at the same time, the arche-

15 Look at Easter Season, THE UNITED METHODIST BOOK of WORSHIP, (Nashiville, Methodist Publishing House, 1992), p.369-372.

type of the Eucharist.

The same thought about the salvation is represented in Mark 10:45, "For even the Son of Man... to give His life a ransom for many." This verse originates from Isaiah 53:10-12. It is a witness to what Jesus understood his calling to be. As Isaiah foretold, Jesus was a servant of the Lord. To redeem the sin of the world, Jesus was charged with sin, suffered, and then, liberated the oppressed from a tyranny more dreadful than that of Egypt or Babylon.

Other witnesses to what Jesus thought about himself and his task are found in other verses in the New Testament. In particular, Jesus shared his thoughts symbolically with the bread and the wine in the Last Supper. Jesus taught that the new covenant between newly redeemed Israel and God was the new sacrificial offering that renewed by his blood. Moses, who liberated Israel from Egypt, devoted his life to the forgiveness and salvation of his people(Ex 32:32). Second Isaiah prophesied that there would be a new Moses who would consecrate his life to the salvation of his people. Jesus understood his death as the establishment of a new covenant between God and humanity for the salvation of world. Jesus taught for the first time that the prophet about whom the prophecy was made was Jesus himself. Paul the Apostle wrote, "The Deliverer will come from Zion, He will remove ungodliness from Jacob. And this is My covenant with them, when I take away their sins."(Rom 11:26-27; Isa 59:20-21).

By means of the prophet of Isaiah, the servant of the Lord made a new covenant as a light to the nations, to open blind eyes and to bring prisoners out from the dungeons(Isa 42:6-7). The church, which originated from Jesus and the Apostles, understood the ministry of Jesus' salvation in this way.

The redeeming work of Christ was especially concerned with his death on the cross. "For even the Son of Man came... to give His life a ransom for many"(Mk 10:45). "We were reconciled to God through the death of His Son"(Rom 5:10). We "have been brought near by the blood of Christ"(Eph 2:13). "And He Himself bore our sins in His body on the cross"(IPet 2:24). "So Christ also, having been offered once to bear the sins of many..."(Heb 9:28). On this subject, the New Testament writers spoke with the same tones. As Jesus proclaimed, the new covenant, namely, the possibility of a new relationship between God and humans, lay in his blood. It was effected in the sense that He gave himself on the cross. The complete dedication of Christ himself to death meant that humans returned to God. He was a new and living way to reach to God (Heb 10:20). Through Him humans could proceed to the Father (Eph 2:18). However, this confident access to God becomes ours "by faith in Him alone"(Eph 3:12). Through faith, we can gain the things for which God has provided. God displays publicly the propitiation in His blood "through faith"(Rom 3:25).

Research in Hebrew Scripture reveal the following:

1) Sin offering; When an Israelite physically or morally(these two are not distinguished) touch any unclean thing, violates a traditional taboo, or infringes on liturgical laws, then the Hebrews essentially thought of it as damage to the ego(in Hebrew, "nepes"). Such a person belonged to the range of the damaged things until he was renewed, because he did not harmonize with the order of provided things. The Hebrew word for such situations is "hata," which is commonly interpreted as "sin." However, it primarily

means "to lose the target," or "not to reach the target," and to indicate not the behavior of an actual sin, but the situation of the person as a result of the action. The method of cleaning or repairing this situation is "hatat" in Hebrew, that is, the sacrifice of an offering known as a means of sanctification. This is commonly interpreted as "sin offering."

In order to renew the people who were made unclean through sins, the priest completed the offering by placing some of the blood of the sacrificial offering on the right ear, thumb, and big toe of the sinner(Ex 29:20). Because this blood had already been sprinkled on the altar and was in contact with the altar, then the person becomes sanctified. The purpose of this action was definitely to renew his damaged ego(nepes) by transforming the sinner with the creative life power of the Holy Reality.

2) The substitute and scapegoat: The general view of the offering for atonement is that it had the purpose of providing a substitute or replacement for the sinner, because God especially demanded remuneration on behalf of the life of the sinner. The ceremony of sacrifice of the scapegoat in the Bible stipulated that the animal be sent "away into the wilderness"(Lev 16:22). The interpretation of which suggest that the animal be pushed down a cliff was simply developed in later ages.

2. The Lord's Supper from the New Testament

The New Testament authority for the Lord's Supper is baby stated in Paul's letter to Corinth: "For the tradition which I handed on to you came to me from the Lord himself: that the Lord Jesus, on the night of his arrest, took bread and after giving thanks to God, broke it and said, 'This is my body, which is for you; do this as a memorial of me.' In the same way, he took the cup after supper, and said, 'This cup is the new covenant sealed by my blood. Whenever you drink it.do this as a memorial of me.' For every time you eat this bread and drink the cup, you proclaim the death of the Lord, until he comes"(1 Cor. 11:23-26). Paul clearly assumed that Jesus Himself instituted this act of sharing in Christ's brokenness. It is central to the apostolic tradition. In fact, it defines the essence of that tradition. For it is precisely a handing down (2 Thess. 2:15) to the church from Jesus himself.

Matthew 26, Mark 14, and Luke 22 similarly relate the accounts of Jesus' own institution of the Lord's Supper before his crucifixion. Since that upper room celebration, Christians over the world have gathered to celebrate Communion with Christ in virtually all the world's languages, times, and places, for almost two millennia. Whenever Christ is present to his church, he is remembered by the breaking of bread.

The Supper embodies God's real presence with us. Through it, we discover our real presence to each other. Out of it, we leam the meanings and nuances coalescing in a simple but marvelous event of eating and drinking, where God takes the ordinary and communicates him exceptionally clearly through it. The best way to clarify this relationship is to show how the Eucharist is an enacted commentary on the salvation event declared in Scripture. With remarkable fidelity, the sequence of acts in the eschatological drama of the Supper follows directly the sequence of events recalled by Paul in his astonishing precis of the heart of the Christian tradition.[16]

From the point of view of the relative sacrifice of the Eucharist, dependent upon this basis. all that is visible of Christ's death on the cross is his absolute self-sacrifice, which provides the basis for it. It is maintained and made as a present reality by the continuous and repeated cult, so that the cross on Golgotha seems to be of eternal significance: the divine value of the self-sacrifice of Christ for the relationship of God to man and of man to God, for grace and thanksgiving. What was unique, particular and scandalous in the death of Christ is not retained, but suppressed and destroyed.[17]

It is true that the Eucharist or the celebration of the Lord's Supper recalls and makes present the death of Christ "until he comes"(1 Cor. 11:26), but in the form of proclamation, not in the form of the repetition of Christ's death on the cross of Golgotha, which happened once for all. The constantly repeated celebration of the hope remembers him, to the point of using different terms. The unique historical nature of his death on the cross, outside religion and temple, makes the identification of the crucified Christ with impossible.[18]

The cultic division between the religious and the profane is potentially abolished through faith in the Christ who was profaned by crucifixion. Thus the Eucharist is like the meals held by Jesus with sinners and publicans. It must also be celebrated with the unrighteous, those who have no rights and the godless from the high-

---

16 Ibid., p.120.
17 Jurgen Moltmann, The Crucified God, (London, SCM Press, 1974), p.43.
18 Ibid., p.43.

ways and hedges of society, in all their profanity. It should no longer be limited, as a religious sacrifice, to the inner circle of devout, to those who are members of the same denomination. The Christian church can re-introduce the divisions between the religious and the profane and between those who are within and those who are without, only at the price of losing its own identity as the church of the crucified Christ.[19]

The Eucharist reminds us of the fact that even though we are still sinners, Christ died for us and He was raised again, in order to prove the fact that Jesus is God Himself given to us. The resurrection, according to the Bible, will occur at the last time. The resurrection of Jesus is interpreted as the embodiment of the last word of God on the last day of history. The Eucharist brings a special eschatological consciousness to common Christians. The Eucharist is a highly condensed activity of worship service. The Eucharist embodies the consecration of ourselves in that God gave us Jesus, and we respond to it. It also points to the last times where all things will be completed in Jesus and reminds us of the wonderful salvation event of the death and resurrection ofChrist. The Eucharist awakens Christians to the fact that they are reconciled with God. It communicates the grace of God's atoning action, and invites here-and-now reconciliation with our neighbors.[20]

---

19 Ibid., p.44.

20 Thomas C. Oden, Pastoral Theology, (New York, HarperCollins Publishers, 1983), p.119.

3. The Fourfold Actions in the Lord's Supper

Paul, in 1 Cor. 11:23-27 includes four actions for Holy Communion in this order:

"Do this!"

1) Jesus took bread.

2) He gave thanks.

3) He broke it.

4) He gave it.

The Lord's Supper consists of several acts: giving thanks over the loaf of bread for God's graciousness; breaking the bread; giving the bread to the people of Christ; taking the cup; giving thanks once again to God; then, giving the cup to the congregants. Thus, seven distinct actions are involved; four with the bread and three with the cup. But most Christians, for the sake of ease and efficiency, have combined the seven into what is called the fourfold action: Taking the bread and wine, giving thanks to God over these gifts of creation, breaking the loaf, and giving the bread and cup to the people.[21]

There are four acts in the drama reported in 1 Corinthians 15: He took, He gave thanks, He broke the bread, and He gave. These correspond to the four key phases of the celebration of the Supper: These sayings are connected with four important orders.

Offering the Eucharist-Oblation

---

21 Laurence Hull Stookey. Eucharist. (Nashville: Abingdon Press, 1993), p.29.

Giving thanks-Eucharist

Breaking bread-Fraction

Distributing the bread-Communion

They are complementary and interpenetrating. If one is held to the exclusion of the others,

then the liturgy remains incomplete or at least imbalanced.

a. Lord's Supper as Atonement: Oblation-He took bread

The Lord took bread. The consecration of the item, namely the bread and the wine, was the major element in the ancient sacramental ceremony. This fact is already suggested in the sayings that instituted the Eucharist. The saying that the Lord took the bread means that he accepted the bread. In the incipient days of the giving of sacrificial offerings, participants gave offerings of the fruits gained by their labors, but this practice later disappeared due to the development of the economy of currency in the sacraments. The Holy Spirit supplicates for serving an appropriate purpose for the sacrament. After that, the prayer of intercession is offered for the people and the world.

The first step in the service of Holy Communion is for the minister to receive from the people their offerings or oblations, which symbolically include bread and wine. The offering of materials for Communion, that is, the bread and wine, was a crucial part of the earliest stratum of primitive services of the Supper. Symbolically, it is even implicit in the words of institution: He took, and therefore received, bread. The Supper was very early conceived as a thank offering, much like thanksgiving at a church night supper, where everyone brought gifts to the Lord's table, the fruits of their labor. A portion of the food was set aside for holy use, including some bread and wine. Some of those things were also set aside for ministry to the poor.[22]

Irenaus occasionally used the formula, 'Christ has redeemed us "by His blood"but he had a special liking for the image of ransom, to which we have already alluded. A ransom is always regarded as being paid to the powers of evil, to death, or to the devil; by its means they are overcome, and their power over humans is brought to an end. It cannot be too strongly emphasized that when this has been done, atonement has taken place; for a new relation between God and the world is established by the fact that God has delivered humankind from the power of evil, and reconciled the world to Himself. At this central point, God is both the Reconciler and the Reconciled. It is God who actively accomplishes the work of salvation. At the same time He is also passively reconciled, because the bondage of helplessness under the powers of evil from which He delivers humans is lifted. It is also, from another point of view, an enmity involving man's guilt.[23]

b. Lord's Supper as Redemption; Eucharist, thanksgiving-He gave thanks

The Lord gave thanks. As Jesus broke and blessed the bread,

22 Thomas C. Oden, op.cit, p.121.

23 Gustaf Aulen, Christus Victor, (London; Hollen Street Press Ltd, 1965) pp.30-31.

so the pastor as a representative of the people of God gives thanks (euchariatia) to God. It was not until the fourth century that His thanksgiving prayer had several forms. There is an institutional saying in the blessing. The institutional words of the Eucharist can be presented by remembering the saying that Luke wrote about the resurrected Lord(Luke 20:30-31). Just as Jesus gave thanks as he broke the bread, so the minister offers thanksgiving(eucharistia) to God as a representative act on behalf of the people of God. By the fourth century, these eucharistic prayers had a fairly regular pattern that

echoes even in modem Communion services. There was a salutation(The Lord be with you), followed by the sursum corda(Lift up your hearts) as an antiphonal preface to this great act of Christian thanksgiving.[24]

The words of institution may be rehearsed by remembering what Luke wrote of the risen Lord. When he was at table with them, he took bread, blessed, broke, and gave it to them. And

their eyes were opened and they recognized him(Luke 24:30-31). In many traditions the words of institution are recalled within the context of the prayer of consecration and thanksgiving, or eucharistic prayer. This prayer ascribes glory to God, who out of mercy gave his Son Jesus Christ to suffer death upon the cross for our redemption. Christ made a full, perfect and sufficient sacrifice, oblation and satisfaction, for the sins of the whole world. He instituted, and in the Gospels he commanded us to continue a perpetual memory of that sacrifice until his coming again.[25]

24 Thomas C. Oden; op.cit, p.122.
25 Ibid., p.122.

Ordinarily the words of institution include a specific recollection of the night in which he was betrayed, in which he took bread and when he had given thanks, he broke it, and gave it to his disciples, saying, "Take, eat, this is my Body, which is given for you. Do this in remembrance of me." Likewise, after supper, he took the cup. It is an act of anamnesis, of memory, remembering Jesus' words and activities, a recollection of the upper room gathering, a meaning as illumined by the empty tomb, and a commemoration of the death and resurrection of the Lord.

The gathered community prays to the Triune God(in these or similar words): "Bless and sanctify these thy gifts and creatures of bread and wine; that we, receiving them according to thy Son, our Savior, Jesus Christ's holy institution, in remembrance of his death and passion, may be the partakers of his most blessed Body and Blood. By the merits and death of thy Son Jesus Christ and through faith in his blood, we and all thy whole church, may obtain remission of our sins and all other benefits of his passion. We present ourselves as a living sacrifice(Rom. 12:1), beseeching humbly that we may worthily receive, so that, all we who are the partakers of this Holy Communion may be filled with thy grace and heavenly benediction. The Holy Communion makes one body in him so that he may dwell in us, and we in him."[26]

As physical and sacramental beings, persons may intensify the meaning of material things. The total action of the Eucharist permits a Christian community to share in a tangible way with Christ's sacrifice. Just as in Baptism each one of us becomes another Christ,

---

26 Ibid., p.123.

so in the common celebration of the Eucharist, those who are united in Him share in the gracious union with God, which is given to us through Christ's sacrifice. On that common celebration, the church remembers the whole work of God in Christ in a very dynamic sense: through physical or experiential means. we are revealed as Christ's body on earth, joined in a common faith and the proclamation of a common thanksgiving.[27]

c. Lord's Supper as Sacrifice; Fraction: He broke the bread

The Lord breaks bread. In the sense that the bread is the body of Christ, to break bread means to tear the body of Christ for us. What does it mean to tear the body of Christ for us? What does it mean that Christ's body is broken for us? If the bread signifies Christ's body, the fraction(or breaking) of the bread signifies the brokenness of that body for us. When we receive the broken bread, it is as if we are saying that our old idolatrous self-understanding is broken. The old will, the old Adam, and the old self-assertive orientation to life are dead. We are raised a new to participate in the wholeness of new life in Christ.[28]

Bread and wine succinctly symbolize the whole Christ, body (soma) and soul (anima, psyche, living energizing spirit), given for us. In ancient physiology the part of the body that is pre-eminently alive and most deeply symbolic of life is the circulating blood. In Jewish worship it is an axiom that there is no remission of sins

---

27 Louis Weil, Sacraments and Liturgy; The Outward Signs, (Oxford and New York; Basil Blackwell) pp.86-87.

28 Thomas C. Oden; op.cit, p.123.

without the shedding of blood. So in the manual acts of breaking bread and pouring out wine, the minister is performing a representative act on behalf of the whole people of God, in symbolically re-enacting and remembering the atoning work of the crucifixion.[29]

If it is true in general that the Atonement has for centuries past been studied from the view of either acceptance or rejection of the orthodox satisfaction-theory, this is particularly true of New Testament exegesis. As we have just said, the theologians of Protestant Orthodoxy took it completely for granted that the theory of the satisfaction of God's justice was to be found everywhere in the New Testament. Or, rather, it was presupposed both in the New Testament and in the Old. In fact, it was primarily from the Old Testament that the scriptural proofs of the Atonement were found. This is a highly significant point. In the New Testament, a special weight was laid upon the Pauline teaching, above all, on cardinal passages such as Romans 3:24-25, "Being justified freely by his grace through the redemption that is in Christ Jesus: whom God set forth to be a propitiation, through faith, by His blood, to show His righteousness, because of the passing over of the sins done aforetime, in the forbearance of God." It was taken as certain that the satisfaction-theory underlay this passage, and every other allusion to redemption or to sacrifice, and every reference to the blood of Christ, or that Christ died for our sins, or suffered for our sins, or suffered for our sake or in our stead.[30]

This central thought that God Himself has in Christ effected

29 Ibid., p.123.
30 Gustaf Aulen; op. cit., p.62.

both salvation and atonement provides the key to all the passages which speak of Christ's work as vicarious, for our sake, or in our stead; and all the passages which speak of the new covenant in Christ's blood(1 Cor. 11:25), the communion of the blood of Christ (1 Cor. 10:16), of Christ as our Passover sacrificed for us(1 Cor. 5:7), and so on.[31]

In the Synoptic tradition we meet the image of Ransom, so dear to the Church Fathers: "the Son of Man is come... to give His life a ransom for many"(Mark 10:45), that is to say, in order to restore humans to freedom. The idea recurs often in the New Testament: "In him we have our redemption through His blood"(Eph. 1:7);"Who gave Himself a ransom for all"(1 Tim. 2:6);"He entered once for all into the holy place, having obtained eternal redemption"(Heb. 9:12); "We were redeemed, not with... silver or gold... but with precious blood, as of a lamb without blemish"(1 Pet. 1:18); "that loosed us from our sins by His blood"(1 Pet. 1:5); and in the sub-apostolic literature, "The Lord Jesus, who was prepared beforehand thereunto, that appearing in person, He might redeem out of darkness our hearts, which had already been paid over to death and delivered up to the iniquity of error"(Barnabas 14:5). Other variations of Christ's conflict and triumph appear in 2 Tim. 1:10: "Who abolished death, and brought life and incorruption to light." Compare "He Himself endured, that he might destroy death and show forth the resurrection of the dead (Barnabas 5:6), and Tit. 2:14:" Who gave Himself for us, that He might redeem us from all iniquity, and purify unto Himself a peo-

31 Ibid., p.72

ple for His own possession," and Acts 20:28: "to feed the church of God, which He purchased with His own blood." This last text is interesting, because the redemption is directly attributed to God Himself.[32]

A further word must be added on the idea of Sacrifice in the Epistle to the Hebrews; for this epistle has commonly been appealed to by the partisans of the Latin doctrine of the Atonement in support of their view. However, in reality the Epistle to the Hebrews presents just the same double aspect, which we have noted, both in the Pauline and in the patristic teaching, as regularly characteristic of the classic idea; for it regards the Sacrifice of Christ both as God's own act of sacrifice and as a sacrifice offered to God. This double-sidedness is always alien to the Latin type, which develops the latter aspect, and eliminates the former.[33]

The Sacrifice of Christ is primarily and above all a heavenly and eternal sacrifice; on this ground it supersedes the old sacrificial system. In any case, Christ's incarnation and death are foreordained by God Himself. No earthly sacrifice made by man could affect that which is here affected; only a heavenly, divine, eternal sacrifice. On the other hand, the writer speaks of the sacrifice as made to God: Christ through the eternal Spirit offered Himself without blemish to God; and Christ presents men to God as cleansed and hallowed by His Sacrifice. We have said enough. perhaps, to show that we have here yet one more instance of the same double sidedness, which belongs to the classic idea of the Atonement. The sacrifice of Christ is not made part of a legal

32 Ibid., pp.73-74.
33 Ibid., pp.76-77.

scheme, as is the case when the sacrificial idea is used in the Latin doctrine of the Atonement.[34]

d. Lord's Supper as Salvation: Communion-He gave, eat bread

The Lord gave the bread. Jesus Christ himself distributes bread and wine. The distribution does not mean an offering of the dead Lord, but of the life of the Lord resurrected in the present.

As the breaking of the bread is a symbol of the Lord's death on the cross, so distributing the body is symbolic of participation in the resurrection of the Lord. The Lord is really and truly immanent as the body of Christ, who has made a promise by saying, "I am with you always, even to the end of the world." We, as the family of God, besides sitting around the table of God, bless the immanence of the living son of God. It is as if that is already anticipatively present in our small circle, as if it is already happening in this Holy Communion.[35]

What is the result or fruit of the sacrament? That is our salvation from sin and death. Listen to this: "given for you; shed for you." I participate in the sacrament in order to take and use Christ's body and blood, given and shed for me. This cup is the New Testament in my blood. These words must be apprehended by faith. Therefore I use the sacrament for the forgiveness of my sins; I will go and take the body and the blood; it is a sure sign that it was instituted for me and against my death. There is the benefit.[36]

---

34 Ibid., pp.77-78.
35 Thomas C. Oden; op.cit., p.124.
36 John Dillenberger, Martin Luther; Selections From His Writings, (New York,

Jesus himself served the bread and wine. Likewise the liturgist gives this nourishment to each person individually in the act of Communion. This is the last of the four parts of the service: Oblation, Eucharist, breaking of bread and Communion. Having offered the fruits of our labor to be consecrated, having given thanks and remembering Jesus' last night, and having broken the bread, we now come to the climactic moment of mystical communion with Christ.[37]

Communion is less a tribute to a dead founder than a participation in the present, resurrected life of the Lord. As the fracture recalls his crucifixion, the Communion shares in his resurrection. It is a real communion with a truly present Lord who has promised, " Lo I am with you always, even unto the end of the world"(Matt. 20:28, KJV). Through it God strengthens faith, reconciles us to himself, and forgives sin. It is Christ's own presence that is celebrated and received. It is far more than a memorial, although remembering is a crucial part of it.[38]

Whatever happened in Jesus' death, it was clearly interpreted by analogy to such a sacrifice, yet one made by God himself on behalf of the whole world. Jesus viewed his own death as a sacrifice for others. When we receive the broken bread and poured wine, we are incorporating into our very bodies the broken body of Christ, the sacrificial blood shed for us and for all. We are then called to Christ's sacrifice for us.[39]

Wesley preferred the Anglican position of his day, i.e., real

---

Anchor Books, 1961), p.235.

37 Thomas C. Oden: op. cit, p.124

38 Ibid., p.124

39 Ibid., p.125

presence. This simply means that by his own choice the risen Christ is truly present whenever the Lord's Supper is observed. Christ does not come through the bread and cup; he comes through the Spirit. But Christ is really there. This being so, it is easy to see why Wesley saw the Lord's Supper as a powerful means of grace. And because Wesley could never limit the activity of grace, he saw the Lord's Supper as communicating prevenient, justifying, or sanctifying grace. He understood the primary value of Communion to be for those who were already Christian, but experience taught him that some had actually become Christians while participating in the sacrament. This explains why Methodists have always practiced open Communion. The invitation to partake of the sacrament is made to anyone who truly and earnestly repents of sin, not to those who are members of this or that particular church.[40]

In a nutshell, the bread and wine at the Lord's Supper are not given to us according to our merits to receive them. Rather, they are the priceless gifts of God, which are given in Jesus Christ who made all believers eligible to take part in sharing them. The condition is not our merits but our intention to participate in God's grace through Jesus Christ.

4. Conclusion

In the Eucharist, Christ's body is given for every Christian who proclaims the Lord's redemptive death. Through the Eucharist,

---

40 Harper, op.cit., p.38.

Christians experience the atonement and confess spiritual salvation through Christ. That is why Christians have to have Holy Communion every week. Each and every Christian has the privilege of receiving the bread, the body of Jesus Christ, on every Sunday.

Chapter 4: The Frequency of the Eucharist Service That Has an Effect on Spirituality

1. Sacramental Spirituality

Traditionally, the Roman Catholic celebrate seven sacraments whereas the Protestants have two, baptism and Eucharist. The sacrament of Baptism is a ceremony to enter the Christian community. The Eucharist is to support the nurture of faith for continuous growth. As nutrition to retain human life and power completes the physical life, so the Eucharist completes the life of the soul. Therefore, the Lord said, "For My flesh is true food, and My blood is true drink"(John 6, 55).

The sacramental spirituality of Protestant Christianity consists of Baptism and the Eucharist. Through the sacraments, Christians experience the presence of the reality of the Being who was crucified and resurrected. A ritual is the weaving of symbols as a meaningful outline of the whole, and as the church repeats the ritual, the ritual makes us present as partakers of the event that has created our community. The activity of becoming present in the original event empowers us with the meaning that came from the event. The activity of the sacrament in us makes us transcend time and place and recreates the activity in us.

Paul explains Baptism by saying that "we have been buried with Him into death, in order that as Christ was raised from the dead,"(Romans 6:4) so we too might walk in newness of life. The baptism, death and resurrection of the Lord may not be erased from our remembrance, so that we would have such a worldview of death and resurrection. Death cannot destroy us. Now that through baptism we are dead with Jesus Christ and are resurrected with Him(Romans 6:5), we are only waiting for the moment of the glorification that will unite us with God.

The Eucharist does likewise. Paul said, "To have the bread and the cup is a participation to partake."(1 Cor. 10, 16-17NIV) In this interpretation, what enters our mind is not the person of Jesus, but the being that suffered and died and was resurrected as the reality of the son of God. This event brings about the birth of the church.

Urban Holmes said, "A sacrament is a window to enter the cosmic drama." A sacrament is a means of the drama. During the sacrament, we become the characters of the tragedy, the suffering of Christ. Our spirituality is established in the plot of the combining play with Christ. The Lord of the Eucharist "has," "breaks," "blesses," and "gives" the elements. Our spirituality is a taking of life, an acceptance of its brokenness, a giving of thanks for its gift, and a sharing of it with others.[41]

2. Worship, Sacrament, and Spirituality

This paper examines the relationship of worship and the Lord's Day, which includes celebration of the Eucharist. Christianity celebrates worship on Sundays, not Sabbath Saturdays. The reason for this is that the early church, as the resurrection community, met together and worshipped on the day after the Sabbath, in order to witness to the resurrection of the Lord. It seems that the Eucharist ought necessarily to be celebrated in order for worship to be identified with the Lord's Day. Therefore, it is not good to serve the Eucharist only once or four times a year.

How does the church accept the sacrament in worship? This paper studies church history to discover how to keep Jesus request to "Remember Me."

The Bible says that the early Christians were continuously devoting themselves to the apostles' "teaching" and to "fellowship," to the "breaking of bread" and to "prayer"(Acts 2:42). It seems that they served the Eucharist regularly, and therefore, the early Christians gathered together for the purpose of "breaking bread"(Acts 20:7). There seems to be a combination between the Lord's day and breaking bread. Until the fifth century, it was natural for all the baptized and non excommunicated Christians to receive the Eucharist every Sunday. After that, for several reasons, the communion of Christians became rare. Until the ninth century communion was served once a year, on average. This indifference pointed to the dangerous possibility of entirely abolishing

41 Urban T. Holmes; op.cit., p.122.

communion. Although communion was rare, the Eucharist was served everywhere every Sunday, but the priest alone partook of the elements. In the middle ages, the communion of the people was sometimes separated from the Eucharist. The Protestant Reformers emphasized the read or preached Word rather than the sacrament of the Lord's Supper.

What are the reasons why the Eucharist of the Lord should be celebrated in worship, in order for Christian worship to really belong to Christianity? First, it is indispensable to worship in the sense that Christ established the Eucharist and ordered the church to carry out the Eucharist. It is a matter of a simple obedience. The fact that the ceremony of the Eucharist was "established by Christ" means it should necessarily be remembered.

Second, the worship service reflects the two stages of the Christ's life: the Galilee stage focused on the proclamation of the word and the Jerusalem stage focused on the Cross. Inevitably the life of Jesus led to the Cross. As the Cross is indispensable to the ministry of Jesus, so the Eucharist is necessary for the preaching of Jesus. Without the Cross, Jesus' work would have been coreless, blunt, sectarian, and moral. Likewise, it can be said that the worship service without the Eucharist is like Jesus' work without Good Friday.

Lastly, the worship service needs to serve the Eucharist by reason that the Eucharist makes us give up being subjective, ego-centric, and moralistic, and become objective, altruistic, and spiritual, and differentiates the sacred world from the secular. Hence it is no exaggeration to say that not only is the Eucharist necessary to the cult, but that the abandonment of it is an abandonment of the very substance of the cult.[42]

3. The Lord's Day and the Eucharist

As reported above, the Eucharist has been served on every Sunday and every celebration day from the period of the early church. The Eucharist spiritually and realistically was served as a gift of blessing. It has been served, even several times a day, for peace, for the repentance of a betrayal, for travelers, for various individual intentions, and for thanksgivings. In the western church of the Middle Ages, the Eucharist was served every day in many places with a private or public altar.

Some of the Protestant reformers of the sixteenth century occasionally suggested opposition to the frequent serving of the Eucharist. However, what they opposed was the worship service in which common Christians could not receive the distributed elements. Except for Zwingli, almost all of the reformers insisted that the Eucharist should, in principle, be served at every worship and great feast time. They had the cognizance that the Eucharist would be a tradition and a custom. They did not oppose serving the Eucharist on common days other than Sunday. They were always prepared to serve the sacrament to all saints as well as the priests. They emphasized the necessity of the spiritual sacrament in all the services and opposed the masses in which priests alone hadpartaken of the elements in the Middle Ages.

For a long period of time in the Middle Ages, the laity had rare-

42 J.J. von Allmen; op. cit., p.155.

ly participated in the spiritual sacrament and most laity received the sacrament only once a year on Easter. It is revolutionary that reformers said that all the worship services should have the Eucharist, as the early church had served. If there was no communion, there could be no full celebration of the Eucharist.[43]

It seems that if a whole year is sanctified by the celebration of Easter, a whole week is consecrated by the Sunday worship, and a whole day is sanctified by the moments of daily prayer in the early morning. So Sunday worship is very important to us. According to this reasoning, the one day of Sunday suffices for the spirituality of the whole week, and the worship of the other days, Monday, Tuesday, Wednesday, etc., need not imitate Sunday. Sunday makes the other days holy. Sunday must be differentiated from the other common days, in order to let the other days be common. What makes Sunday be Sunday is the celebration of the Eucharist. If it is celebrated on Sunday, there is therefore no need to celebrate it again on Wednesday or Friday. The Eucharist of Sunday suffices for the whole week. It is good to remember Sunday's spirituality on the common weekdays and to illuminate its meaning in our every day prayers.

It seems that we cast doubt on the sanctifying power of Sunday when we try to repeat its note by celebrating the Eucharist on weekdays. We must allow the week time to be different from Sunday, because we are not yet in the Kingdom of God. Thus, if the Lord's Supper is an integral part of Sunday, then the Eucharist is sufficient for the life of the Church. If the Lord's Supper

---

43 Massey H. Shepherd, Jr; op.cit, p.149.

is an integral part of Sunday, then the dominical celebration is sufficient for the life of the Church. We falsify the nature of Sunday by celebrating the Eucharist on weekdays too.[44]

Under the premise that Sunday worship should accompany preaching with the Eucharist, the frequency of the Eucharist ought to be investigated. Zwingli understood the Eucharist as Symbolism, while Luther, Calvin, and Wesley exhorted Christians to participate in the Eucharist every Sunday. With the views of Luther's consubstantiation, Calvin's re-presentation, and Wesley real presence, they each called for frequent attendance to the Eucharist. The matter of frequency in the practice of the Eucharist is an important concern to Spirituality. The frequency has been concerned with the importance, that is, the judgment of value for how important the Eucharist is. If it is served too often, there may be some apprehension that it would become dull.

In order to answer the question of how often the Eucharist should be served, here is an analogy with mountain climbing. There might be many routes to climb a mountain. Even though there are roads, each climb feels different according to the season: spring, summer, fall, and winter, and according to the weather of the day: bright, gray, rainy, or snowy. Also during the long climb, the climber can become familiar with the mountain, and according to the person's condition that day and the distinction of companions, the feelings are different. It is the same case with the Eucharist. Each experience of the Eucharist is different especially when served on all the different periods of pilgrimage, from Easter,

---

44 J.J. von Allmen; op.cit, p.238.

Whitsunday, Kingdom Sunday, Thanksgiving, Advent, Christmas, Epiphany, and Lent, back to Easter. And even on a common Sunday, an encounter with the preacher could lend another meaning to the experience. Fifty-two weeks a year might be insufficient to become familiar with the Eucharist and to reach a deep stage of understanding.

4. The Case of Samtuh Methodist Church's Weekly Eucharist

The current weekly celebration of the Eucharist in the Samtuh Church is part of the reformation movement in Protestantism. In a sense, it suggests a recovery of sacramental spirituality. Methodists, especially, should recognize the importance of Liturgy and recover the Eucharist to activate Wesleyan spirituality.

Is it possible to develop spirituality through the weekly Eucharist? This is the main question I wish to explore in this project by summarizing various theological references on the topic and examining the case of the Samtuh Methodist Church. I have already touched on the question of why sacramental spirituality is important, and why it alludes to atonement in the Eucharist. We know that while there are various types of Christian spirituality, all ways of living a godly life are, in the last analysis, sacramental.[45]

Therefore, we have to touch on the question of why, in our case, have we served the Eucharist every Sunday. As the whole year is sanctified by the celebration of Easter in the Christian Faith,

---

45 Don E. Saliers; op.cit., p. 59.

the whole week is consecrated by the Sunday worship. The whole day is sanctified by those moments of daily early morning prayer for Korean Christians.

It shows that one Sunday suffices for the week. If Sunday is truly celebrated as such, Monday, Tuesday, Wednesday, etc., need not try to imitate Sunday, for the latter has sanctified them and so permits them to be what they are, i.e. other than Sunday. What makes Sunday special as Sunday is the celebration of the Eucharist. If it is celebrated on Sunday, there is therefore no need to celebrate it again on Wednesday or Friday. The effect should last all week. Eucharist suffices for the whole week. Its meaning should be unfolded in the daily offices, whether private or family or congregational: that is good.[46]

We cast doubt on the sanctifying power of Sunday when we try to repeat its note by celebrating the Eucharist on weekdays. We are not yet in the Kingdom, and we must allow the week time to be different from Sunday. Thus, if the Lord's Supper is an integral part of Sunday, then the Sunday celebration is usually sufficient for the life of the Church.

But what lends to Sunday its special character is not only that the Eucharist is celebrated on that day. It is the further fact that it is celebrated in the midst of God's people who are assembled to meet their Lord, to receive him and to give themselves to Him. This leads us to postulate a sanctification of time, not only through the dominical communion but also through the uniqueness of this communion. The doctrine of the Church was injured and impaired

46 J.J. von Allmen,; op.cit., p.238.

when, doubtless for pastoral reasons, Sunday Eucharist began to be multiplied or when it began to be claimed that one could fulfill one's Sunday obligations by attendance elsewhere than in one's parish church. If the Eucharistic celebration ought to be confined to Sunday, there should also be only one celebration in each parish as the ancient Church wished a celebration, which should bring together all the church people of the parish. To multiply the celebrations of the Eucharist, or to consider as other than exceptional that people make their communion elsewhere than in their parish church, is to jeopardize the essentially communal character of the Church and to suggest that salvation individualizes the faithful, whereas in fact it personalizes them. The Reformed custom of having only one full parochial service per Sunday is therefore a good Christian habit, which we should reinforce rather than weaken by indulging the indolence of the parishioners or their fancies for changing. The best way of reinforcing it will be to reintroduce the regular weekly celebration of the Holy Communion.[47]

John Wesley had tremendous influence in the early Methodist movement. Dr. Albert Outler is correct in stating that Wesley believed the Lord's Supper to be literally indispensable in the Christian life. Unfortunately, not all of Wesley's followers today feel the same. There is a large need to renew this holy sacrament in our lives and in the church. We start with the recognition that the body of Christ is given. It is an experience of grace, the gift of our lives by God. What we take and eat iş always given to us. The body of Christ is given to us. The body of Christ given to us is focused first and

---

47 Ibid., pp.237-239.

foremost in the gift of Jesus Christ himself. The body of Christ reminds us of the incarnation: the Word made flesh that came to dwell among us, full of grace and truth. When we receive the gift of the bread and the cup, we receive the body of Christ-crucified, risen, coming and thereby become what we are called to be: the body of Christ, the Church. Bread and wine are rich symbols of our understanding of the grace of God in our lives.[48]

Chapter 5: Biblical foundations of Body and Blood

1. Body, Blood, and Spirituality

This chapter studies the Biblical concepts of "body" and "blood" and the interpretation of these terms by the church. " Why is the body important in the Bible?" Jesus said, " This is my body." Let us examine what "my body" means and why we are instructed to eat his body. To eat the Passover meal means to remember the historical incidents in Egypt. To eat the Eucharist meals helps Christians to remember Jesus and his death and resurrection.

The earliest account of the Eucharist is in 1 Corinthian written about 55 C.E. Paul writes "The cup of blessing which we bless, is it not a participation in the blood of Christ? The bread which we break, is it not a participation in the body of Christ? Because

---

48 Dwight W. Vogel, Food for Pilgrims, (Ohio, OSL Publications 1996), p.24.

there is one bread, we who are many are one body, for we all partake of the one bread"(1 Cor. 10:16,17 RSV).

Paul continues " For I received from the Lord what I also delivered to you, that the Lord Jesus on the night when he was betrayed took bread, and when he had given thanks, he broke it, and said, This is my body which is for you. Do this in remembrance of me. In the same way also the cup, after supper, saying, 'This cup is the new covenant in my blood. Do this, as often as you drink it, in remembrance of me.' For as often as you eat this bread and drink the cup, you proclaim the Lord's death until he comes. Whoever, therefore, eats the bread or drinks the cup of the Lord in an unworthy manner will be guilty of profaning the body and blood of the Lord"(ICor. 11:23-27 RSV).

The story appears in Mark, the earliest Gospel in this way: "And as they were eating, Jesus took bread, blessed and broke it, and gave it to them and said, 'Take, eat; this is my body.' Then He took the cup, and when He had given thanks He gave it to them, and they all drank from it. And He said to them, 'This is My blood of the new covenant, which is shed for many?"(Mark 14:22-24 NKJV).

In the Old Testament, body and blood come from sacrifice. Jews look at the Paschal Feast especially the Paschal Lamb, the sacrificial lamb. In Egypt, Moses said to Pharaoh, "Let my people go to sacrifice in the desert." We have to see carefully the night of Yahweh's vigil and the unleavened Bread, or the "Azymes." When Christians approach the concept the unleavened bread the Azymes become the Body of Christ. In the Paschal Supper, especially the last Pasch of Jesus, Jesus announced the new Exodus.

Therefore, in Apostolic times, there is a confession, "Christ, Our Passover, has been sacrificed for us. Sunday, the Lord's Day, has become for Christians the day of worship." The reason is that on the day, Jesus, the lamb of the new Pasch, was raised from the dead. We strongly agree that Sunday, in a sense, is our weekly Pasch.

In addition, "Why is the blood important?" How can we understand drinking His blood? In the Old Testament, blood means life. Because of this, the law prohibited the drinking of the blood. The blood must be sprinkled on the altar of the Lord. It is explained in the ordinances in Leviticus that blood sprinkled on the altar becomes a means of expiation for guilt. Blood only has power through Yahweh's decree. The Writer of Exodus declares: "Moses took half the blood and put it in basins, and half the blood he sprinkled on the altar. Then he took the Book of the Covenant and read in the hearing of the people. And they said, 'All that the Lord has said, we will do, and be obedient.' Then Moses took the blood, sprinkled it on the people, and said, 'Behold, the blood of the covenant which the Lord has made with you according to all these words"(Exod, 24:6-9 NKJV).

Jesus did not sprinkle the blood but he declared we should drink his blood. Jesus' statement in the Lord's Supper is analogous to one by Moses. Moses said, 'the blood of the Covenant' and Jesus said, 'My blood of the new Covenant.' The biggest difference between the phrases of Moses and Jesus was "sprinkle" versus "drink." In addition to this, Moses emphasized the Covenant that is shed for many for the remission of sins.

2. About Body and its Meaning

Whenever we have the ritual meal we remember that Christ became food for our spiritual nourishment. Concerning the bread and the body of Christ, can the two correspond with each other? Bread, as it is changed into the body of Christ, comes into us as a real being of Christ's Spirit, is absorbed into our bodies, and becomes one with us. Thus, Christ is in me, I am in Christ. The Eucharist makes us be one. Through Eucharist, the body of Christ and our bodies become one, and all the participants become one.

If we weaken the sensible meaning of the Eucharist, it derails us from the essence of Christianity, because Christianity is a religion of the Eucharist. God became a human in all aspects except that He did not commit a sin. Sometimes we forget the fact that God became a sexual, sensual, eating, and drinking being.

The being which accepts and lightens the Spirit is the flesh, the very body. Flesh should be no longer cursed, neglected, or excluded, but confirmed, touched, and felt in Jesus Christ. "To eat my flesh" must have been a scandal. It can be said that the material, sexual, and spiritual aspects of the Eucharist gave birth to an integrated result.

Jesus tells us to eat his body with the saying that "This is My body." The Greek word for body should be studied and a connection sought between it and the Hebrew word for the unleavened bread of the Passover.

Chapter 6: The Encounter with the Eucharist: Testimonies from Samtuh Church

Sacramental spirituality is spirituality that results from participating in the sacraments. When a church member celebrates the sacrament, he/she empties, devotes, and sanctifies himself/herself, and experiences unity with God the Almighty. That is the sacramental spirituality. This chapter reports in particular on those who approach the world of spirituality through the Eucharist as one of the sacraments, experience unity with the Lord, confirm that Jesus is their Savior, and witness his saving work.

Many church members encounter that moment of unity, when "the Lord is in me and I in the Lord," when they receive the body and blood of the Lord through the mouth. There is a mystery in the Eucharist that through a material being they come to the spiritual world. Through the bread and wine as the body and blood of Jesus, communicants can encounter a spiritual culmination to unite with the spiritual Christ, namely, the resurrected and ascended Lord. The partakers in the Eucharist enter the spiritual world through the Eucharist. It is a very important event and witness that can bring the development of spirituality.

1. Methodology to measure the development of spirituality

How can development or growth of spirituality through the

Eucharist be measured? The objective will be to recognize some of the patterns of struggle, growth, and change that

characterize human beings, in the process of becoming aware, conscious, and increasingly responsible selves, as partners with God.[49]

This project assumes that the development or growth of spirituality depends on one's bodily experiences and attitudes. Even though one believes himself to be full of spirituality and to have a spiritual body, if he often has an attitude of anger, speaks sharply from time to time, neglects the poor and accepts only the rich always, is extravagant or hedonic without moderation, he can not be considered a spiritual person. Through action, people make meaning out of their lives. We must always remember that genuine development in faith and selfhood, and the ongoing metanonia of real conversions, is the result of both our work and encouragement and the empowerment of the Holy Spirit.[50]

There do not see to be any methods to measure the depth and degree of spirituality. James Fowler, Thomas Groome, and John Westerhoff give important insights for understanding human faith and faith development. However, their theories have limitations for understanding spiritual growth.

The only way to measure sacramental spirituality is to examine and judge the participants' attitudes. According to a catechetical 'Vision and Guide for the Episcopal Church,' the sacraments are understood as "outward and visible signs of inward and spiritual

---

49 James W. Fowler, Faith Development and Pastoral Care, Don S. Browning, Editor (Fortress Press: Philadelphia, 1987), p.53.
50 Ibid., p.95.

grace given by Christ as sure and certain means by which we receive grace."[51]

The Sacraments are the symbolic things which are visible, external, and material but which represent the invisible, internal and spiritual. The meaning that could improve or develop the sacramental spirituality through the Eucharist indicates that one should find the dimension of the spirituality in the Eucharist itself. It could bring the growth of personality, spirituality, and faith by repeating the Eucharist.

The members of the Samtuh Church consist mainly of the town people. The chartered Church was established in a poor town and almost all of the members were not rich. Now the Church is centered on the poor and common people.

Their attitude towards the life of faith varies from the conservative orthodox belief system to the liberation-theological perspective. One thing to note is that even though they have long-term, good attitudes towards the Christian faith, they have, to some degree, a general type of shamanism. At first, the pastor neglected and excluded the blessing-oriented ministry. After ten years, the pastor changed from the non-blessing ministry to the blessing ministry, because most Biblical characters, namely, Abraham, Isaac, Jacob, Joseph, Moses, David, and even Jesus gave blessings. As a result, the pastor realized that to exclude the story of the blessing is not to understand the Biblical faith.[52]

---

51 PECUSA. Called to Teach and Learn; A Catechetical Vision and Guide for the Episcopal Church, (New York: 1994).

52 Blessing ministry in Korean churches is based on the Korean traditional 'blessing thought', but the nonblessing ministry put emphasis on the crucified Jesus, the passion on the cross, and the liberating God, for example, in Exdos.

They tend to worship God from the perspective of blessing and understand the sacraments as the pathway of the blessing, in the sense that when they take the bread, they believe that they become one with Jesus and because Jesus is with them, they become safe, healthy, and blessed. Sometimes it seems to them that the Eucharist is regarded as a means of the psychological security. In same cases, they associate the drinking of wine with having the blood of the ransom to forgive their sins.

In this setting of the sacramental understanding, the fact that the Church celebrates the Eucharist every Sunday creates a cultural shock in that they are different from other Protestant Church members. It is a crisis. The crisis, of course, derives from the Greek krisis, which means simply turning point; the point where things must change. Crisis, it is well to remember, does not necessarily mean change for the worse or for negativity. The crisis point in a battle, a love relationship, an illness, or a political campaign means, rather, the point where things must change. The coin must drop, one way or the other. When the word crisis was first translated into Chinese, the translators insightfully used the two Chinese characters meaning danger and opportunity.[53]

Rather, the matter of the development or the growth of spirituality should be viewed and understood with new eyes through the theory of the turning point. According to the theory of the turning point, a human can be renewed by changing and discarding the thoughts, the customs, or the habits of the past when a human encounters something new in his life. The representative example

53 James W. Fowler; op.cit, pp.102-103.

is Paul. Paul was a persecutor of the believers in Jesus, and a thorough follower of Judaism. However, while he kept pursuing them to persecute and kill the believers of Jesus, even to foreign cities, he suddenly met the Resurrected Jesus on the way to Damascus. There, he was shocked by Him and deeply experienced a total destruction of his previous belief and faith. He began to live a new life with a new assurance. As a matter of course, he had a self-establishing period of nine years. After that, he, the persecutor of Jesus, conversely began to enter a new work to deliver and proclaim the evangelism of Jesus.

Another biblical example is of Nathanael. His friend Philip, who was called by Jesus whom he met, exhorted Nathanael to go with him to Jesus, about whom it was written in the law of Moses and the writings of the prophets. When Nathanael first went to Jesus, he had no inclination to meet Jesus. He questioned, "Can any good thing come out of Nazareth?" However, when Nathanael heard that Jesus said of him, "Behold, an Israelite indeed, in whom is no guile," Nathanael was impressed by Jesus and confessed that Jesus was the Son of God and of Israel. He cleared out his distrust of and suspicions about Jesus. Afterwards, he lived a new life as a close disciple of Jesus.

The turning point of this story is the encountering event with Jesus. He was moved and changed by Jesus and lived a new life. In fact, this dramatic and rapid transformation is not the only application of the theory of the turning point. Even though one may change gradually and for a long time, if he has changed, if his thought or his activity were changed, then he must have had a turning point. The idea that there nuist be a sudden, one-time, big awakening does not necessarily belong to the theory of the turning point.

In the history of Korean Christianity, there were many forefathers of the faith who had turning points equal to Paul m the sense that they were evangelized and converted to Christianity. Today there is not nearly as much mental suffering or conflict when converting to Christianity as there was one hundred years ago. However, to some degree, there needs to be a turning point to come to Christian faith even today. Moreover, the weekly celebration of the Eucharist at Samtuh Church is new in this culture, and therefore, is quite shocking to worshippers.

This project states that when participants experience a psychological, mental, and spiritual conflict and shock, the experience becomes a turning point, bringing about a change, and providing an opportunity for spiritual growth. The main methodology is storytelling, supported by survey research.

Koreans have an emotion called "Han"(grief). Here "Han" does not mean the Han of Hanism(great, one, united, many, or the same).[54] Here Han is our national or feminine emotion

of enduring mental burdens of sadness and grief and internally overcoming mistreatment and disappointment. Alluding to Korean spirituality, we cannot help discussing Han, because Korean spirituality is expressed in the Han. Jesus' place in Korean spirituality is in the Han. Storytelling is a major means of resolving the life of Han for the growth of Korean spirituality. Therefore, through storytelling this project tries to describe experiences of the turning

---

54 Sang Yil Kim, Ed. Hanism as Korean Mind. (Los Angeles, Califonia; The Eastern Academy Sciences, 1984) p.22.

point and confirm the spiritual growth resulting from participation in the weekly Eucharist. In this chapter, using the narrative method with the turning point theory is an effective way to measure the development of sacramental spirituality in the Samtuh Methodist Church congregation.

The practice of the Eucharist in Protestant churches has not yet come to fruition. The Eucharist is served, if at all, only infrequently, on such occasions as Easter and Christmas. Nowadays, however, the importance of the Eucharist has been raised. The number of churches which serve the Eucharist has increased. In light of this conservative mood of Christianity, what is the feeling of the members of Samtuh Church regarding the serving of the Eucharist every Sunday? How would their consciousness of the world be formed and changed? As a result, can the structure of their consciousness and attitudes of faith show growth in sacramental spirituality?

2. Testimony materials: story-tellings(narrative), surveys, interviews

In order to prove the hypothesis, this project used questionnaires and interviews of the participants. Among the eighty participants, there were over twenty persons who did not understand the meaning of the questions. Finally, forty-five persons responded to the investigation.

Among the respondents:

15 had attended church for over 10 years

20 had attended church for over 3 years and less than 10 years

5 had attended church for over 1 year and less than 3 years

5 had attended church for less than 1 year.

In response to the question asking about how they felt about serving the Eucharist every Sunday:

16 responded "very good"

28 responded "good"

1 responded "not good."

It seems that the 44 positive answers may have resulted from the tendency of members to

follow the leadership of the pastor.

Case study 1: Wang, Jae Kyung: A middle-aged woman in her early 40s

Her husband is an exhorter in the church and is comparatively cooperative with her in their Christian life. When her husband is absent from worship, she is apt to be absent as well. Although they have good intentions about attending worship, they are so weak in a faith that they have ups and downs in their church life.

"In the spring of 1988, when my Church was chartered, I attended the Eucharist early in the morning for the first time, and I was full ofboiling gratitude and thanks in my body and mind. Previously, I had rarely sensed the true meaning of the Eucharist and I participated in it meaninglessly. However, on that day, I experienced the living and working Christ through the Lord's leading. I shed tears and wept so, that I was ashamed of my appearance. However, because of that experience, I truly sensed the presence of God and felt a confirmation of my redemption. I thought of my participation in the Eucharist as the work of the Holy Spirit. I have a good feeling about celebrating the Eucharist every Sunday, in the sense of cleaning away my dirty stains of the week through it. It seems to me, moreover, that through the Eucharist, all the saints become one family with one community-consciousness."

This case is a representative example of sensing the grace of the Lord through the Eucharist. As grace comes through worship, so it is experienced through the Eucharist. All that matters is that such experiences should be embodied, structured, and persist for the long-term.

This woman believes that the repetition of the Eucharist every Sunday cleans away the stains of the week. This comes from the Korean custom of washing one's body early in the morning, putting a bowl of fresh water on a table, and praying sincerely. Here the stains and dirt may have psychological significance. For example, the dirt may represent the burdens and exhaustion coming from a wounded heart or economic pressures. Spiritually, the dirt signifies the confusion arising from the reprimands of sin, laziness, agony, and suffering.

Koreans are used to washing their bodies in a public bath house once a week. This bit of culture arose from the fact that bathing facilities were not available in private homes. Similarly, it seems that the Eucharist plays the role of the common shower room to clean away the dirt of the heart and soul.

In response to the question asking how they felt about the repetition of the Eucharist weekly:

28 felt a deepening of the experience of the Eucharist

14 felt the Eucharist became more formal

3 felt the Eucharist became more meaningless.

There were more positive answers(28) than negative(17), however these negative attitudes present a task that must be undertaken, to overcome the negative feelings. In the case of prayer, more prayer can bring about more experiences of the grace of God. As the continuous practice of daily early morning prayer has increased the spirituality of Korean Christians, so it seems that the repetition of the Eucharist every Sunday could contribute to the growth of spirituality in the Korean Church. These survey results indicate that the participants agree with and accept the original meaning of the Eucharist, while warning against the formality that comes with frequent service.

Case Study 2: Ji, Sun Wha, the assistant evangelist:

Ms. Ji is a woman in her mid 20s who graduated from a theological college this year.

"Though I have lived the Christian life since childhood, I have not had a special understanding of or concern for the Eucharist. My previous churches celebrated the Eucharist only a few times a year. It was not until I came to Samtuh Church and attended the Eucharist that I had much concern for it. I had heard the professors of my theological school say that one of the mistakes of Protestantism was placing too much emphasis on preaching to the point of neglecting the Eucharist. Here I found a model that kept a balance between preaching and the Eucharist. I participate in the Eucharist every Sunday wholeheartedly and receive the body and blood of Jesus Christ sincerely in my heart. Sometimes I feel that as worship becomes a formality, so the weekly Eucharist becomes a formality. In my case, I felt the severity, influence, and gratitude impressed by the Eucharist when I received it two or three times a year.

However, the weekly Eucharist seems to lessen the impression and gratitude I feel and I regret that the attitudes of the congregants become formal. To prevent the Eucharist from becoming a formality, we need to study and teach the true meaning of the Eucharist and the participants have to have the mind of love and devotion to Jesus without dullness in their faith. I think it would be more impressive and gratifying if there were methods that prepared the mood for the Eucharist and controlled the speed of distribution. The problem is being formal at any cost. Every religion faces the problem of its rituals becoming formalities. I see that circumcision differentiates the people of God from the world, but when that becomes a formality, then baptism is offered as an alternative, urging repentance from the heart, and finally, it is developed from a baptism of water to that of fire. The development of baptism from water to blood is further developed into the bread and the wine as a symbol of the Eucharist. Here to pay attention to such a Eucharist is to run the risk of formality."

There is also the worry that because of the Eucharist the length of the service might increase. When the preaching takes 20-30 minutes and the Eucharist takes 30 minutes, the total worship service runs about one and half hours. Moreover, when the number of participants grows to over 100 persons, the service gets longer. However, it seems that the participation of the associate pastors and the laity in the distribution of the elements could overcome the difficulties presented by the increase in church members.

The suspicion that this church may become a kind of Catholic Church is the other block to nurturing sacramental spirituality, because most Korean Protestant churches teach that the Catholic Church is a heresy and does not represent true Christianity. Some church members insist that we must not follow the culture of the Catholic tradition. Here sacramental spirituality through the weekly Eucharist must overcome the stumbling block encountered by the comparison with the Catholic Church.

In response to the question regarding how the participants felt after receiving the Eucharist:

8 had a peaceful mind

15 felt a confirmation of the forgiveness of sins and renewal

7 experienced sanctification

5 experienced oneness or a unity of community

10 had no response or didn't know.

Many members experience the power of forgiveness and the cleansing of sin(22), while the experience of community is comparatively weak. Protestantism emphasizes one body, one mind and one will with the unity of the community through the Eucharist. However, in fact, in this church they more often experience the individual redemption that the Catholic Church mainly suggests. Based on the above results, the growth and development of spirituality seems to be noticeable in this survey.

Case study 3: Young, Kyung Hee:

Ms. Young is a teacher in her mid 20s who has grown from the mood and pattern of conservative faith.

"During my last vacation, I participated in a fbur-day retreat, during which we celebrated the Eucharist. During the Eucharist I meditated deeply on Jesus' sacrifice and I was much gratified by it. The more deeply I felt Jesus' humbleness, the more important a treasure in my heart I considered the body and blood of Jesus. I dared not swallow His flesh and blood, so I prayed that God would purify me through the shedding of tears. The Eucharist did not give me a deep impression before I had felt the love of Jesus Christ. But after I had experienced His grace and felt His reality, the Eucharistic ceremony deeply impressed upon me a sense of His sacrifice and His love generated by that sacrifice. The Eucharist reminds me that Jesus enters my body and gives me the hope of being sanctified by Him. It seems good to me that the Eucharist can bring peace to my heart."

The more often she receives the Eucharist, the more holy she confesses to be. For her, the continuous Eucharist nurtures her spirituality and brings her peace. In response to the question concerning what they regarded the bread of the Eucharist to be:

7 regarded the bread as the body of Christ

20 regarded it as a symbol

10 regarded it as the Immanence of the Spirit

3 regarded it as the bread of Life.

In addition, five people regarded the bread as representing the body of Christ, as a symbol, and as the immanence of the Spirit. In this research, it is surprising that many think of theEucharistic bread as only a symbol, as Zwingli insisted, because he neither regarded the Eucharist as an important ceremony, nor emphasized the need to receive the Eucharist every Sunday. It is noteworthy that, as Wesley emphasized that the Spirit of Christ was immanent in the bread, so 30% of the respondents regarded the bread as a spiritual reality. It seems they believe that as they eat the bread, they partake of the Spirit and thus live in the spiritual world. As a result, whenever they celebrate the Eucharist, they feel their spiritual lives are deepened.

Case study 4: Kim, Sook Ha, the exhorter:

Ms. Kim is a woman in her early 50s, a mother who takes care of two sons by herself. "I was baptized into the church in 1977. During my Christian life, I read the Bible earnestly but I sometimes doubted parts of the Bible, especially the sayings related to the Eucharist. Jesus the Lord entrusted His followers to celebrate the Eucharist whenever they met together for worship. However, the churches that I attended before did not follow that commandment faithfully. Those churches only celebrated the Eucharist on Easter, Thanksgiving Day, and Christmas every year. During my time in these churches, I often felt empty and did not have peace in my heart, even in church. Sometimes I reprimanded myself as a meaningless daughter of God who merely attended church carrying a Bible. I questioned myself and agonized over whether or not my sins could be forgiven in this situation of faith. After a long time, I encountered Samtuh Church and attended the Eucharistic ceremony every Sunday at church. At first, I felt annoyed at the ceremony and thought that the pastor might better do some special ministry.

But soon I came to participate in the Eucharist with an obedient mind. By the work of the Lord, I gradually felt changed. I awoke to the truth that I could receive the holy body, the flesh and blood of the Lord, into my body every Eucharist, and because of that awakening I received true peace, and I began to look forward to the time. Through the Eucharist, the Lord forgives me, this sinner who commits sins every week, liberates me from the chains of sins, and is with me. Therefore, I know the fact that I am careful of everything and can always live a life filled with the Holy Spirit. When my pastor looks up to heaven and blesses the wheat bread and the wine, it feels to me that it is a holy time. I participate in the Eucharist with the meaning that the wheat bread, which can be found anywhere, changes into the flesh of the Lord, and the wine, which can be purchased in any market, changes into the blood of the Lord when blessed by my pastor. At the time of the blessing, I can see the bread and wine transformed into the holy body by the Holy Spirit. I think that the weekly

Eucharist draws me closer and closer to the Lord. Because I receive the holy body in my heart, the Lord leads my way and

I can walk, not alone, Ixit with the Lord toward the kingdom of heaven. I can come nearer to the Lord as I receive the holy body. I want to come nearer to Jesus Christ."

In this case, whereas in previous, ordinary times of church attendance Ms. Kim had questions about the Eucharist, the weekly celebration of the Eucharist gave her an opportunity to resolve her doubts. In addition, she has gradually awakened to the meaning of the Eucharist and has come closer to God through the Eucharist. To her, the blessed bread changed into the body of Christ and the blessed wine into the blood of Christ. She has reached the stage of faith in which the elements of the Eucharist are the very body and blood of Christ. Even though such thinking has some non-realistic aspects, participation in the Eucharist has deeply fortified her faith for living in the future. Her concrete belief system nurtured by the visible and tangible elements of the Eucharist is considerably different from the faith style that is developed simply through preaching.

Case study 5; Kim, Ok Ja, Deacon:

Ms. Kim is a deacon in her late 30s with a mature and diligent faith life.

"Through the Eucharist I am aware of the newness of my body and heart, so I think the weekly celebration of the Eucharist is very good. I am sure that through the Eucharist the Lord is in me and I am in Him. I have ever experienced the grace where I seemed to be struck by lightening from head to foot when I attended the Eucharist, but I felt myself to be identified with the Lord. It seems to me to be ecstasy."

When asked how often they wanted to receive the Eucharist:

2 wanted to receive it whenever they met

29 wanted to receive it once a week

7 wanted to receive it once a month

4 wanted to receive it anytime

2 had no response.

These results show that those who want to serve the Eucharist more frequently, including once a week, are overwhelming(35).

Case study 6: Hong, Chang Sim, Deacon:

Ms. Hong is a member who is came to our Methodist Church from the Full Gospel Church. For a few recent years she has lived in a rural area with her mother-in-law who was impressed by Ms. Hong' faith and believed in Jesus.

"The Old Testament is so complicated, about making animal sacrifices and sprinkling blood on the altar! If the sacrifices were repeated in the sanctuary every Sunday, maybe the smell of the blood would fill the church. It seems good to me that today's worship is more convenient for us. However, it is not sincere. I think that the Eucharist should be celebrated every Sunday because, while in the reality it is very difficult to keep our faith, I believe it is possible to sustain our faith through the Eucharist. The bread and wine are symbols of the body and blood of Jesus Christ, but there should actually be the sacrifice of our bodies and redemption of our blood in our worship. I believe that there is no resurrection without bleeding. Therefore, I think, the important thing in the Eucharist is the resurrection faith."

Her cognition about the Eucharist begins with the sacrifices of the Old Testament and concludes with the resurrection faith. She considers the weekly Sunday Eucharist to be an important way to support her faith. Here her spirituality has been established.

When asked about the trend in the church toward using juice instead of wine because wine is an alcoholic drink:

0 preferred juice (no alcohol)

40 preferred wine (with alcohol)

2 did not respond

3 preferred to use *other methods.

Almost all members agreed to use alcoholic wine. This suggests that they want to obey the words in the Bible about using wine to celebrate the Eucharist of Jesus Christ. Spirituality and wine are not separate parts.

Case study 7: Im, Soon Woo:

"Because human beings are ignorant and stupid beings, they often live forgetting about the Lord. Thus, it seems good to me that the regular celebration of the Eucharist every Sunday reminds me of the Lord. Sometimes I fall into temptation, however, I can overcome the ordeal through the Eucharist. Through it, I leam the love of God, especially the love of Jesus Christ who gave His body and blood and died for us, to save us, the damned body of sin."

The above three persons commonly alluded to the body and blood. Many members identify their bodies with Jesus'. They feel unity with Christ and sense that they reside together with Christ through the immanence of Christ's Spirit in their bodies. They receive the Eucharist as a ceremony of atonement with the meaning that they are saved by the blood of Christ atoning and pardoning their sins. More and more they feel that they are sanctified by the repetition of the Eucharist.

Regarding who should be allowed to participate in the Eucharist:

13 included anyone who was saved, regardless of baptism

8 limited it to those who were baptized

24 included only those who were baptized and mentally prepared to receive the Eucharist

From this question, some members show that the importance of baptism is a little weak in relation to the Eucharist. Many members give importance to the preparing of one's mind for the Eucharist. This also suggests that the recovery of baptism and the Eucharist is one of the means of spirituality today.

Case study 8: Lee, Eun Mee:

Ms. Lee is a Christian woman in her early 40s who has attended Samtuh Church for 17 years and emphasizes the importance of music in worship as the choir director and as president of the Sunday School.

"Through the Eucharist I have the opportunity to invite the Lord into my heart. Through it, I can experience joy and glory to sanctify my body. It seems good to me to serve the Eucharist every Sunday. I feel I have been baptized every time I receive the Eucharist. Baptism is effective to recognize salvation. I think that we should try to keep the rules, and the Eucharist should be given to anyone who has been baptized."

Chapter 7: Conclusions

The result of this research into the sacramental spirituality can be articulated, as James White puts it, that "God's self giving is the basis of the Christian sacraments."[55] The Incarnation is the story of God's self giving love by becoming one of us; "God loved the world so much that he gave his only Son"(John 3:16). For God's self giving, just like that of human beings, has to take visible or audible form so others may recognize it. God's self giving continues to be manifest among human being long after the end of Jesus' historical visibility. The preaching of God's word makes that self giving audible, and the words and actions of sacraments make it both audible and visible. Christians in every age experience anew God's self giving because it is proclaimed and enacted in their midst. They know themselves the reality of God's love as it once was, and now is made audible and visible in Christ.[56]

55 James F, Sacraments as God's Self Giving (Nashville: Abingdon Press, 1983), p.13.
56 Ibid., p.13.

The message of the Eucharist is that Jesus' love for us - from beginning to end - is changeless and eternal. This is a love that was lived out and then died out for us on Calvary to demonstrate once for all that our Christ is love, steadfast and enduring, love that will never let us go. This is the story of Lord's Supper. And that's what the Christian life all about.

For the majority of Christians, the eucharist is the most common form of public worship. Every Sunday is world communion day as Christians in two hundred countries join Christians over the course of twenty centuries in celebrating the Lord's Supper, eucharist, mass, divine liturgy, breaking of bread, holy communion, or the Lord's memorial.[57] The terms Eucharist, Mass, Supper of the Lord, and Holy Communion all refer to the same service of Christian worship, but each carries in its name a differing shade of meaning.[58] The eucharist is a repeated experience of God's self giving that Christians observe from baptism until death. We actually receive physical objects, bread and wine, as the means through which God's self giving take place. The action of giving is one of the central acts around which all eucharistic rites are structured. Thus, the self giving, which occurs by less direct means in the other sacraments, is acted out dramatically in the eucharist.[59]

Jesus Christ gives us his Body and his Blood for our salvation. From sin, we cannot be free, but in the Eucharist, we experience atonement, redemption and oneness-a community in the visible

---

57 Ibid., p.52.
58 Laurence Hull Stookey, Eucharist: Christ's feast with the Church (Nashville: Abingdon Press, 1993), p.72.
59 James F. White, op.cit., p.52.

world. Especially in the weekly Holy Communion, we can attain the new spirituality, what we call "sacramental spirituality." James White lists seven images of the Church's experience of God's self giving in the Lord's supper: joyful thanksgiving, commemoration or remembrance, communion and fellow, sacrifice, Christ's presence especially real presence, the action of the Holy Spirit, the foretaste of the final consummation of things.[60]

Rob L. Staples, professor of theology at Nazarene Theological Seminary, discuss the Eucharist in the light of five different images that are also interrelated but distinguishable from one another: 1) thanksgiving to the Father, 2) commemoration of Christ, 3) sacrifice of ourselves, 4) fellowship of the faithful, and 5) foretaste of the Kingdom.[61]

The Lord's Supper is an eschatological event, reaching ahead to the limits of time as well as back behind the beginning of time. God's self giving is not complete yet. The eucharist is a foretaste of that which is yet to be. Jesus looked forward to eating the Passover again "when it finds its fulfillment in the kingdom of God"(Luke 22:16) and to drinking "it new with you in the kingdom of my Father"(Matt. 26:29; Mark 14:25). For Paul, the eating and drinking "proclaim the death of the Lord, until he comes"(1 Cor. 11:26).[62] Feasting with Christ on earth is done, as we have seen, in anticipation of feasting with Christ in heaven.[63] The great banquet will celebrate God's final victory over unrighteousness. It will

---

60 Ibid., pp.54-61.

61 Rob L. Staples, Outward Sign and Inward Grace: The Place of Sacraments in Wesleyan Spirituality (Missouri: Beacon Hill Press of Kansas City, 1991) p.229.

62 James F. White, op.cit., p.60.

63 Laurence Hull Stookey, op.cit., p.39.

indeed be redemptive.[64]

Through the weekly Eucharist, we can experience this story as our own, not as the story which was told for two thousand years. Therefore, we are able to actually experience salvation, God's forgiveness, which requires no change, no transformation on God's part, but on ours. Every week, this story would be told through the act of the sacrament that only requires a new willingness to accept God's love, to approach the mercy seat, to be welcomed home and healed.

James F. White, professor of liturgy at the University of Notre Dame, says "Much of the reform of our times is concerned with overcoming the neglect of meaningful actions." And White offers positive ways the church can bring the power of physical symbolism — the "outward and visible" and the "inward and spiritual"-together to enrich worship.

In the Korean situation, most of Methodist churches do not have weekly Eucharist. The Samtuh Methodist Church has reformed its worship doing Eucharist every Sunday. We were challenged by several issues along the process such as frequency of the Lord's Supper, James White indicated that the eucharist should be celebrated as the main part of the service in local churches each Sunday. The recovery of a weekly eucharist is the highest priority for the reform of worship in most Protestant chiirches.[65]

Around 1733 Wesley wrote for the use of his pupils at Oxford a sermon entitled "The Duty of Constant Communion." In it he urged regular reception-weekly or even daily- and dismantled a

---

64 ibid., p.40.
65 James White, op.cit., p.128.

host of arguments against such a practice.[66] Wesley's consistent attendance at communion strikes many today as barely short of overzealous. Wesley attended a parish church as a member of the congregation. Wesley urged regular communion practices on his followers.[67]

For the problem of choosing regular wine and dealcoholized wine or grape juice, Wesley did not object to the use of wine either for personal or sacramental reasons. Thus Methodist prohibitions against sacramental wine are rooted in a later abstinence movement, not in Wesleyan precedent. The use of unfermented grape juice was indeed the impossibility until the process preventing fermentation was perfected in the nineteenth century. Contemporary debates about wine versus grape juice will not be solved on the basis of these historical facts.[68]

Another problem is the relationship between the Eucharist and "Baptism." According to church tradition, Communion should be open to all baptized Christians. In some churches, however, baptized children are excluded. Some denominations exclude baptized Christians of other denominations or congregations. Unbaptized people should be encouraged to prepare for and present themselves first for baptism and then eucharist.[69]

The Lord's Supper entails a whole new spiritual life, a new identity, a new relationship of gladness, hope and joy. It refurnishes the swept soul with breath-taking gifts of faith, hope and low. As we receive the bread and the cup of the communion, our

---

66 Stookey, p.160.
67 Ibid., p.161.
68 Ibid., pp. 170-171.
69 James White, op.cit., p.129.

sins are forgiven and the person is made whole, whole in both body and spirit. Our God does, and has, and always will love - that is God's nature. The only question is, will we perceive the gift, receive the gift, and then share that gift with all we meet? That is repeatedly what we ask, what we are asked, when we participate in the Lord's supper together every week. Because of a centuries-old misreading of Paul, Christians have engaged in untold agony by examining themselves in advance of a eucharistic celebration and asking, "Am I worthy to receive communion this week?" Usually the answer has been "No!" And logically so.[70] According to 1 Cor. 11:27-29, it is problem of not character, but manner.

This thesis studies the inseparable relationship between the Eucharist and spirituality. It investigates the deeper confirmation of atonement and salvation obtained through participating in the Eucharist. The Biblical study states that the body and the blood, as the gist of the Eucharist, become the spring of spirituality. After the theological and Biblical discussion, this thesis describes the spirituality of Samtuh Church members and confirms the spiritual growth seen through the interviews and conversations. The frank and open-hearted stories of the members reconfirm the benefits of the weekly Sunday Eucharist. To be sure, one must be cautious of the danger of the Eucharistic service becoming a formality and being run by the inertia of the ceremonies. There is also the task of convince those church members who have a cliquish opinion opposed to the Biblical view of the Eucharist, as if the idea of

---

70 Stookey, op.cit, p.34

weekly administration of the Eucharist was not in the Bible, but was as an invention of the Catholic Church. Protestant worship services have to maintain a balance between the ceremony of proclamation and the ceremony of experiencing the inherent Lord. This is a treasure that can open a new horizon of spirituality.

This project emphasizes that the recovery of the sacraments, including the Eucharist, is one of the major ways to overcome the spiritual crisis of today. According to the saying that without faith it is impossible to please God, it seems good for the Korean church to vivify the Eucharist focused on the faith for the purpose of pleasing Him.

Bibliography

Allmen, J. J. von. *Worship Its Theology and Practice.* New York; Oxford University Press, 1965.

Aulen, Gustaf. *Christus Victor.* Authorized Translation by A. G. Herbert London: Hollen Street Press, 1970.

Aumann, Jordan. *Spiritual Theology.* London: Sheed and Ward, 1980.

Avery Dylles, S. J. *Models of the Church.* New York: Image Books Doubleday, 1974.

BofT, Leonardo. *Sacraments of Life: Life of the Sacraments.* Trans. John Drury. Washington, D. C. : Pastoral Press, 1987.

Bouyer, Louis. *Eucharist: Theology and Spirituality of the Eucharistic Prayer.* Trans. Charles Underhill Quinn. Notre Dame: University of Notre Dame Press, 1968.

Campbell, Ted A. *Christian Confessions: A Historical Introduction*, Louisville, Kentucky: Westminster John Knox Press, 1996.

______. *John Wesley and Christian Antiquity: Religious Vision and Cultural Change.* Nashville, Tennessee: Abingdon Press, 1991.

Cope, G., J. G. Davies, and D. A. Tytler. *An Experimental Liturgy.* Richmond, Virginia: John Knox Press, 1958.

Cullmann, Oscar. *Early Christian Worship.* Trans. A. Stewart Todd and James B. Torrance. London: SCM Press, 1953.

Cullmann, Oscar and Leenhardt F. J. *Essays on the Lord's Supper.* Richmond, Virginia: John Knox Press, 1958.

Empic, Paul C. and T. Austin Murphy. *Eucharist & Ministry.* Minneapolis: Augsburg Publishing House, 1979

Fagerberg, David W. *What Is Liturgical Theology?: A Study in Methodology.* Minnesota: The Liturgical Press, 1992.

Fowler, James W. *Becoming Adult, Becoming Christian: Adult Development and Christian Faith.* San Francisco: Harper & Row, 1984.

______. *Stage of Faith: The Psychology of Human Development and the Quest for*

Meaning. San Francisco: Harper & Row, 1981.

Grelot, D. and J. Dierron. *The Paschal Feast in the Bible*. Baltimore: Helicon, 1966.

Gresham, Charles R., and Tom Lawson. *The Lord's Supper: Historical Writings on Its Meaning to the Body of Christ*. Joplin, Mo.: College Press Publishing, 1993.

Groome, Thomas. *Educating for Life: A Spiritual Vision For Every Teacher and Parent*. Texas-. Thomas More, 1998.

Grossouw, W. K. *Spirituality of the New Testament*. Trans. Martin W. Schoenberg. St. Louis; Herder Book Co., 1961.

Guthrie, Harvey H. *Theology as Thanksgiving: From Israel's Psalms to the Church's Eucharist*. New York: Seabury Press, 1981.

Gutierrez, Gustavo. *A Theology of Liberation: History, Politics, and Salvation*. Trans, and eds. Sister Caridad Inda and John Eagleson. Mary knoll: Orbis Books, 1973.

Gonzalez, Justo L. *A History of Christian Thought Volume 1&2*; Foreword by Roland H. Bainton. Nashville: Abingdon Press, 1984.

Harper, Steve. *Devotional Life in the Wesleyan Tradition A Workbook*. Nashville, Tennessee: The Upper Room, 1995:

Harper, Steve. *Devotional Life in the Wesleyan Tradition*. Nashville: The Upper Room, 1997.

Hengel, Martin. *Crucifixion*. Philadelphia: Fortress Press, 1977.

Higgins, A. J. B. *The Lord's Supper in the New Testament*. London: SCM Press, 1956.

Higgins, John J., S. J. *Thomas Merton on Prayer*. New York: Double Day Company, Inc. 1973.

Hodgson, Leonard. *The Doctrine of The Atonement*. New York: Charles Scribner's sons, 1951.

Holmes, U. T. *Spirituality for Ministry*. San Francisco: Harper & Row, Publishers, 1982.

Holt, Bradley P. *THIRSTY FOR GOD: A Brief History of Christian Spirituality*. Originally Published by Augsburg Fortress, 1993

Jean, Nestor. *Toward a Liberation Spirituality*. Trans. Phillip Benyman. Chicago:

Loyola University Press, 1991.

Johnson, Mark. *The Body in the Mind: The Bodily Basis of Meaning, Imagination, and Reason.* Chicago: University of Chicago Press, 1987.

Lehmann, Helmut T. *Meaning and Practice of the Lord's Supper.* Philadelphia: Muhlenberg Press, 1961.

Leon-Dufour, Xavier. *Sharing the Eucharistic Bread; The Witness of the New Testament.* Trans. Mattew J. O'Connell. New York: Paulist Press, 1987.

Luther, Martin. *Martin Luther Selections From His Writings.* Edited by John Dillenberger. New York: Anchor Books, 1961.

Maddox, Randy L. *Responsible Grace: John Wesley's Practical Theology.* Nashville: Kingswood Books, 1994.

Maloney, S. J. George A. *The Breath of the Mystic.* New Jersey: Dimension Books, Inc., 1974.

McDonald, H. D. *The Atonement of the Death of Christ.* Michigan: Baker Book House, 1985.

McFague, Sallie. *The Body of God: An Ecological Theology.* Minneapolis: Fortress Press, 1993.

Merton, Thomas. *Contemplation in a World of Action.* New York: Saturday Review Press, 1971.

______. *The Seven Story Mountain.* New York: Hartcourt, Brace & Co., 1978.

Mickey, Paul A. *Essentials of Wesleyan Theology.* Michigan: Zondervan Publishing House, 1980.

Moloney, Francis J. *A Body Broken for a Broken People.* Melboum: Collins Dove, 1990.

Moltmann, Jurgen.. *The Church in the Power of the Spirit.* Trans. Margaret Kohl. Minneapolis: Ffbrtress Press, 1993.

______. *The Crucified God.* Translated by R. A. Wilson and John Bowden. London: SCM Press, 1974

Moltmann-W endel, Elisabeth. *I Am My Body: A Theology of Embodiment.* New York: Continuum, 1995.

Neve, J. L. *A History of Christian Thought.* Philadelphia. The Milerg Press, 1946.

Nevin, John W. *The Mystical Presence: and Other Writings of the Eucharist.* Philadelphia: United Church Press, 1966.

Newoen, Henry J. M. *Thomas Merton: Contemplative Critic.* New York: Harper Row, 1981.

Nicolas, Marie-Joseph. *What is the Eucharist?* Trans. R. F. Trevett. New York: Hawthorn Books, 1960.

O'Connor, James T. *The Hidden Manna: A Theology of the Eucharist.* San Francisco; Ignatius Press, 1988.

Oden, Thomas C. *Pastoral Theology Essentials of Ministry.* New York NY: Harper Collins Publishers, 1983:

______. *The Word of Life.* New York: Harper Collins Publishers, 1989.

Osborne, Kenan B. *Sacramental Theology: A General Introduction.* New York: Paulist Press, 1988.

Outler Albert C. *Evangelism and Theology in the Wesleyan Spirit.* Nashville: Abingdon Press, 1993.

Rahner, Karl. *The Church and the Sacraments.* Trans. W. J. O'Hara. New York: Herder and Herder, 1963.

Rashdall, Bampton. *The Idea of Atonement in Christian Theology.* London: Macmillan And Co., 1920.

Ray, Darby Kathleen. *Deceiving the Devil.* Ohio: The Pilgrim Press, 1998.

Reumann, John. *The Supper of the Lord: The New Testament, Ecumenical Dialogues, and Faith and Order on Eucharist.* Philadelphia: Fortress Press, 1985.

Saliers, Don E. *Worship and Spirituality Akron.* Ohio: OSL Publications, 1996.

Schillebeck, Edward. *Christ: The Sacrament of the Encounter with God.* New York: Sheed and Ward, 1963.

Schmemann, Alexander. Introduction to Liturgical Theology. Translated by Asheleigh E. Moorehouse. New York: St. Vladimir's Seminary Press, 1996.

Shepherd, Jr., Massey H. *The Worship of the Church.* The Seabury Press, 1974.

Smith, Dennis E., and Hal E. Taussig. *Many Tables: The Eucharist in the New Testament and Liturgy Today.* Philadelphia: Trinity Press, 1990.

Stookey, Laurence Hull, *Eucharist: Christ's Feast With the Church.* Nashville, Tennessee: Abingdon Press, 1993.

Vogel, Dwight W. *Food for Pilgrims, A Journey with Saint Luke.* Akron, Ohio: OSL Publications, 1996.

von Allmen, J. J. *Worship Its Theology and Practice.* New York: Oxford University Press, 1965.

Weil, Louis. *Sacraments and Liturgy.* Oxford and New York; Basil Blackwell, 1983.

Westerhoff, John H. *Spiritual Life: The Foundation for Preaching and Teaching.* Louisville; Westminster John Knox Press, 1994.

______. *Will Our Children Have Faith?* San Francisco: Harper & Row,

White, James F. *Sacraments as God's Self Giving: Sacramental Practice and Faith.* Nashville: Abingdon Press, 1983.

White, William R. *Speaking in Stories: Resources for Christian Storytellers,* Minneapolis: Augsburg Publishing, 1982,

Williams, Colin W. *John Wesley's Theology Today.* London: The Epworth Press, 1962.

Wolf, William J. *No Cross, No Crown.* New York: Doubleday & Company, 1957.

W. C. C. Commission on Faith and Order. *Baptism, Eucharist and Ministry.* Geneva: WCC, 1982.

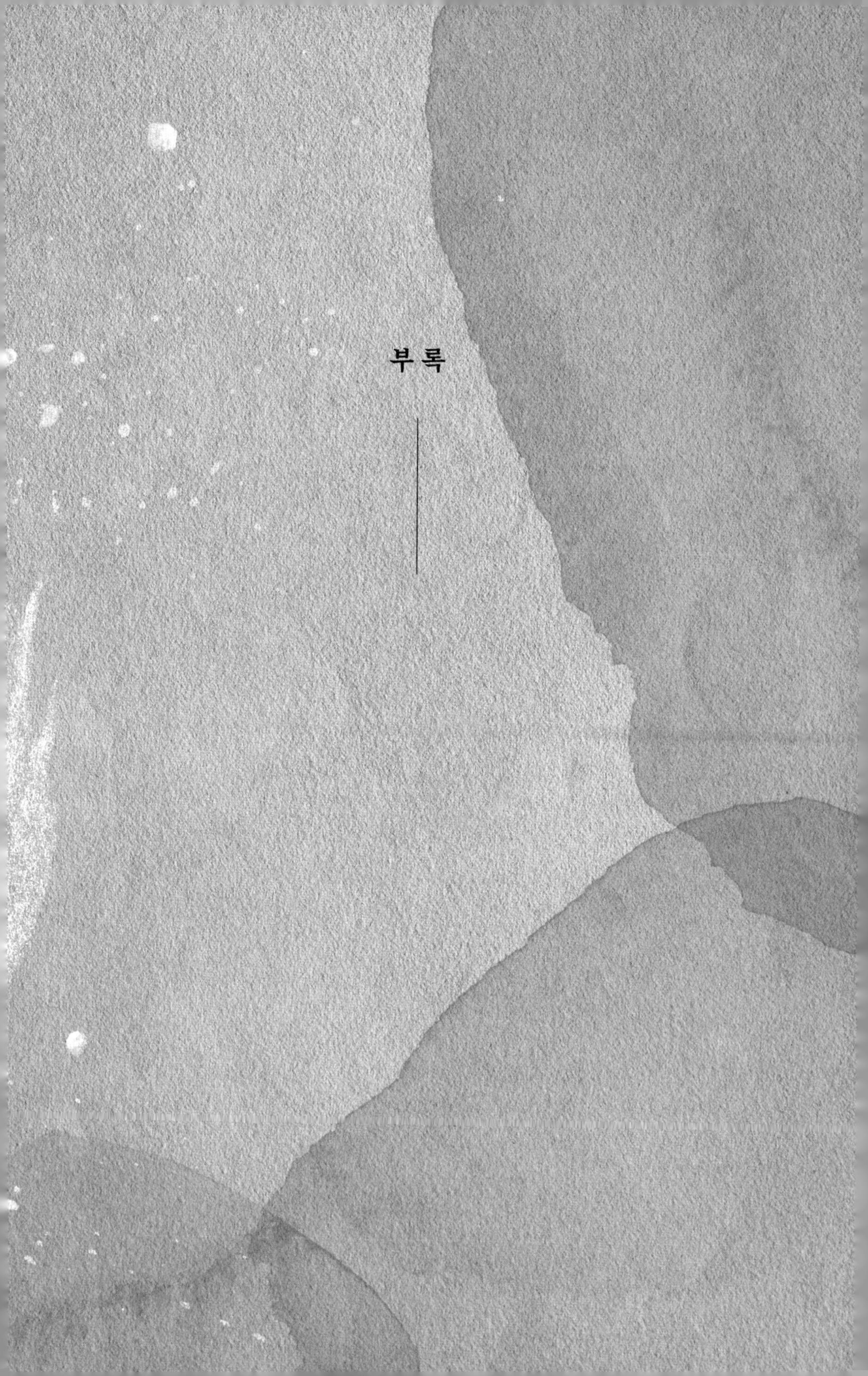

부록

인천민중교회연합회의 역사와 과제*

이준모
회원/해인교회 목사

민중교회의 시작은 정확하게 어느 한 시기로 표현할 수는 없지만, 1970년대 후반부터 1980년대 초라 할 수 있다.[1] 1980년대에 들어서면서 1980년 광주민중운동을 시발로 1970년대의 운동 이념, 조직, 실천 양태를 조금씩 극복해 가면서 민중운동은 그 전반에 걸쳐

* 이 글은 인천민중교회연합 정책수련회에서 발제하였던 원고를 보충한 것이다. 그러나 인천민중교회의 공식적인 입장을 담은 것이라기보다는 개인 연구과제였음을 분명하게 밝혀두고자 한다. 또한 이 글을 위해 도움을 준 윤인중 목사와 자료를 제공해 준 김성회 목사에게 감사를 드린다.

1 민중교회의 성격이라는 측면에서 민중교회의 태동 시기를 생각해 볼 때, 정확하게 말할 수 없겠지만 후에 민중교회연합에 가입된 교회의 창립일을 기준으로 하여 1970년대 초까지 거슬러 올라갈 수 있다. 하지만 태동 시기는 1980년대 초로 보는 것이 일반적인 견해인 듯하다. 대체적으로 개교회 단위로 시작된 민중교회들이 지역 단위로 연결되어 지역 조직을 형성하기 시작한 것은 1985년이다. 인천의 경우 1986년에 이미 민중교회 목회자 모임이 결성되어 있었고, 그 해를 인천민중교회연합의 역사의 출발점으로 보고 있다. 인천지역에 있어서 백마교회는 1976년에 개척되었지만, 새봄교회와 주안성결교회는 1982년에, 샘터교회와 소성교회가 1983년에 개척되었고, 다른 민중교회들은 80년대 중반을 전후해서 세워졌다. 민중교회라는 명칭은 1988년 7월의 '한국민중교회연합'(이하 한민연)이 결성된 이후 통일적으로 사용되었다. 이전에는 노동교회, 반민교회, 현장교회, 작은교회, 바닥교회 등 다양한 명칭으로 불려졌다. 이에 대하여는 『기독교사회운동』 제2호(1989. 2. 20)와 김세훈의 「정체성 위기와 민중교회의 변화」, 1994년, 연세대학교 석사학위 논문 참조.

질적인 발전을 이루어 갔다. 외세의 비호 아래 들어선 전두환 정권의 폭력적 탄압에도 불구하고 학원에서의 청년 학생들의 민주화운동과 노동 현장에서의 민중들의 변혁에 대한 열망은 군사정권의 균열을 가속화시켜 갔다. 1984년 학원자율화주치에 이은 1985년 구로 동맹 파업은 지역 민중운동의 가능성을 열었고, 여기서 더 나아가 변혁의 힘찬 대오가 만들어지기 시작하였다.[2] 한편으로 한국 사회 전반에 걸친 민중운동 세력의 진출이 본격화되면서, 1970년대 사회 인권운동의 주도 세력으로 있던 기독 운동은 운동의 지형 변화에 따른 변화의 요구와 기독 운동의 과학적 정립의 필요성에 직면하였다. 외적으로 부문 운동으로서 요구되는 종교운동의 위상과 내적으로 변화된 운동 지형 내에서 자기 정체성의 확립의 문제는 1980년대 초반의 기독 운동의 쟁점이 되었다. 이러한 시기에 기독교 내의 명망가 중심으로 펼쳐졌던 과거의 기독 운동에서 벗어나, 젊은 목회자를 중심으로 한국 사회 변혁운동과 교회 갱신 운동의 커다란 궤를 축으로 하여 빈민 지역, 공단 지역에서 기층 민중들과 연대하는 교회 운동이 일어났다.[3] 이것이 바로 한국민중교회 운동의 기원이 되었다. 민중교회를 일궈가던 젊은 목회자들은 대부분 학생 시절 학생운동의 경험을 통

---

2 경제주의에 대한 반성이 일어나면서 경제투쟁과 정치투쟁이 결합 또는 후자로의 진행이 이루어지고 있을 때, 구로지역에서 일어난 동맹파업은 지역노동자 조직의 건설이라는 조직 문제를 전노동운동 그룹에 확대시켰다. 이러한 논의는 교회 연대 운동에도 적잖은 영향을 주었다. 「학생운동과 연관된 80년대 노동운동」, 『80년대 학생운동사』, 형성사. 참고.

3 1986년 3월 1일 '구로민중교회운동연합'이 결성되었고, 인천지역과 안산지역에서도 민중교회의 연합형태의 운동이 일어났다. 한민연 자료에 따르면, 민중교회의 수는 1992년에 이르러 전국적으로 100여 개가 되었다. 이는 민중 선교와는 다른 의미에서도 큰 의의가 있다. 실로 개척의 열악한 환경에도 불구하고 민중교회를 세운 목회자들은 민중 선교와 한국교회의 갱신을 부르짖으며 교회 운동을 전개하였다. 이는 마치 초대교회의 성령 운동을 일으켰던 순교자와 같은 길이었다.

해 잘 훈련된 민중운동의 토양이 되었는데, 이를 보면 1980년대 중반은 학생운동을 통하여 훈련된 인적자원이 현장으로 투여되던 시기임을 알 수 있다. 그뿐만 아니라 많은 청년 학생들이 학원을 졸업하거나 중도에 그만두고 노동 현장으로 대이동을 하게 되었고, 빈민지역이나 공단 지역은 변혁의 물결이 넘쳐흐르게 되었다.

지역마다 차이는 있겠지만, 빈민 지역이나 공단 지역에는 지역의 민족 민주적 변혁 세력들이 반합법 국면이라는 특수한 외적 조건으로 인하여 빚어진 어려움을 교회나 산업선교회와 같은 합법적 공간을 통하여 해결하려 하였다. 민중교회를 세우려는 목회자 또한 한국사회 변혁운동이라는 일반 임무와 교회 선교 차원의 사명을 감당하기 위해 민중들과 연대하는 것이 필요불가결한 것이었다.

2. 인천민중교회의 역사

1) 제1기: 태동 시부터 1987년까지

1986년 민주화운동과 1987년 노동자 대투쟁을 넘으면서 인천지역의 노동운동도 활성화되기 시작하였다.[4] 그러나 인천지역 역시 현실 상황은 노조 운동을 자유롭게 할 수 있는 상황은 아니었다. 자연

4 인천, 부천 지역만 살펴보아도 7~8월 기간 동안 200개가 넘는 사업장에서 투쟁이 벌어졌으며, 신규 노조만 100개 이상 결성되었다. 7~8월에 걸친 노동자 대투쟁은 임금인상과 민주노조를 요구하는 생존권 투쟁이며 공장 내 민주화를 요구하는 투쟁이었지만, 기만적인 6.29 선언으로 일시적으로 잠잠해진 인천지역에 그 허구성을 폭로하면서 민주화의 열기를 고양시켰다. 이에 대하여는 인천지역 민주노조건설 공동실천위원회, 「87년 인천지역 7・8월 노동자 투쟁」, 들불. 참조.

노동운동 활동가들의 반합법 국면을 넘기 위한 작업들이 작업 현장의 외곽에서 이루어지게 되었는데, 이때 이들의 요구에 젊은 목회자들이 호응하여 공간과 실무를 제공하게 되었다. 노동운동을 중심으로 한 민중 사건에 교회가 적극적으로 호응하게 된 데에는 크게 두 가지 요인이 작용되었다고 할 수 있다.[5] 하나는 5공화국의 폭력적 지배체제하에서 민중운동의 공개적, 대중적, 합법적 진출이 가능하기 위해서 교회가 지니고 있는 도덕적 권위와 물적, 공간적 지원이 시급하게 요청되었던 것이요, 다른 하나는 민중운동과는 별도로 기독 운동 내부에서의 요구도 존재하였다는 사실이다. 1980년대 광주 민중운동 이후, 새로운 변화를 모색하던 기독교 운동은 스스로의 이념과 조직적 독자성이 서지 않는 선언적, 양심적 운동의 한계를 절실히 느끼고 있었던 터라, 지역 민중운동의 긴급한 요청과 기독교 운동의 내적 전환의 목소리가 쉽게 한데 어우러질 수 있었다. 그래서 교회는 노동운동가들의 활동 근거지가 되었고,[6] 점차 노동 대중들의 필요에 따라 문화적 공간으로 활용되기도 하였다. 한 예로 노동자를 대상으로 정치나 노동 관계법에 관한 교양강좌, 노조 활동 시 필요한 노래 보급 등 다양한 프로그램들이 제공되었다.[7] 교회의 목회자들

---

5 민중교회 초기에 백마교회, 사랑방교회, 새봄교회, 해인교회, 인항교회, 한뜻교회, 송현산마루교회는 노동운동가들을 배출하는 근거지가 되었다. 윤인중, 「인천민중교회 운동의 당면과제」, 인천민중교회정책토론회(1991.5.19.)발제문.

6 새봄교회(1982, 이원희 목사)는 SCA 출신의 기독학생운동 그룹이 교회의 주축이 되었고, 송림 사랑방교회(1985, 박종렬 목사)는 서울제일교회와 고려대 학생들이 교회를 창립할 때부터 멤버십을 함께 했다. 해인교회는 다른 교회가 목회자를 중심으로 세워진 데 비해 이화여대 출신 노동활동가들이 교회를 준비하고 목회자를 청빙한 최초의 교회였다.

7 1986년 백영민(현 나섬교회 목사), 김장환(현 성공회 신부)등 기독학생운동 출신의 교회활동가와 노동자들이 한데 어우러져 만들었던, 전태일을 주제로 한 노래극은 노동자들에게 상당한 호응을 일으켰으며, 당시 문화 프로그램은 교육 프로그램으로서 각

간에도 이러한 선교적 과제를 두고 서로가 협력해야 할 필요성이 제기되었다. 이에 1986년 1월, 교단보다는 지역을 우선으로 하여 '민중교회 목회자 모임'이 발족되었다.[8] 이 모임은 교단의 장벽을 넘어 매우 에큐메니컬한 성격을 지녔으며, 그 이듬해 인천민중교회연합으로 발전되었다.

2) 제2기: 1988년 인천민중교회연합 결성 시부터 1990년까지

그러던 1987년, 민중교회 목회자들이 조직적으로 전경련을 점거하는 사건이 일어났다.[9] 인천지역 목회자 모임은 이를 계기로 1988

광받았다.

8 1980년 광주민중운동 이후 인천지역에서 산업 선교 활동이 정권의 흑색선전과 집중적 탄압으로 위축되고 있을 때, 뜻있는 목회자를 중심으로 민중 선교에 대한 관심을 공유하면서 모임이 형성된 것으로 보인다. 이 모임에 참여한 교회는 이미 개척되어 있던 교회가 선교의 방향을 바꾼 경우도 있었지만, 대부분이 민중 선교를 목적으로 개척된 경우가 많다. 일꾼교회(감리교), 백마교회(감리교), 하나교회(감리교), 인항교회(감리교), 새봄교회(기장), 소성교회(기장), 예림교회(기장), 한뜻교회(기장), 해인교회(기장), 사랑방교회(기장), 새롬교회(예장) 등 11개 교회가 모임에 참여하였다. 목회자들은 이 모임을 출범시키면서 4가지 원칙을 정하였는데, 이는 다음과 같다. 1) 교단보다는 지역을 우위에 둔다. 2) 당분간 비공개로 운영한다. 3) 시간을 철저히 지킨다. 4) 목회자 자질향상을 위한 신학, 철학, 역사, 사회과학을 한다. 한편, 민중교회의 수가 전국적으로 증가 분포되면서 새로운 교단 출범을 조심스럽게 꺼내는 이도 있을 정도로 민중교회의 힘은 새로운 위상으로 드러나기 시작했다.

9 7~8월의 노동자 대투쟁으로 인하여, "지배권력과 자본가들은 아주 음흉한 방법으로 노동자들의 대투쟁에 맞불을 놓고 본격적인 탄압에 나섰다. 그것은 유례없이 국무위원도 아닌 전경련 사람을 국무회의에 출석시켜서 정보기관에서 작성한 것으로 보이는 허위사실을 보고하게 만들었다. 보고내용은 노동자들이 노동쟁의를 하면서 기업인을 끈으로 묶고 매달아 마구 구타하고 뿐만 아니라 불순세력의 사주를 받아 국가를 전복하려고 한다는 내용으로 모두 허위사실로 판명된 악의에 찬 것들이었다. 그러나 전두환 정권과 재벌들은 이것을 신호탄으로 대탄압에 나서기 시작하였으며 노동자들과 노동운동권은 무력하게 당하고만

년 6월, 해인교회에서 '인천지역민중교회연합'을 발족시켰다.[10] 1987년 전경련 항의 방문 사건을 계기로 민중교회운동의 연대 질서가 요구되고, 논의가 촉진됨에 따라 '인천지역민중교회연합'(이하 '인천민교')이 결성되었던 것이다. 이때 새벽교회(기장), 송현샘교회(기장), 주안성결교회(성결)가 새로이 가입하면서, 모임의 효율성을 높이고 연대 고리를 강화하기 위하여 지역 단위로 부천지구, 부평지구, 주안지구, 동인천 지구로 분화하여 모임을 갖기로 하였다.[11] 인천민교는 4개의 지구로 나뉘어 각 지역에 일어나는 민중 사건(노동운동)마다 참여하여 약자의 편에서 해방을 선포하셨던 예수 그리스도의 삶을 이어 나갔다.

여기서 또 하나의 주목할 부분이 있다. 그것은 다름 아닌 인천민교의 결성 시기가 민중교회 역사에 있어서 한 전환점이 되던 시기였다는 것이다. 이미 노동자 대투쟁을 계기로 민중운동이 고양되어 많은 노동운동 활동가들이 교회를 떠나면서 자연히 교회 내부에 상당한 혼란이 일어났고, '교회성'과 '운동성'[12]이라는 긴박한 화두가 등장

있었다. 이를 안타깝게 생각한 민중교회 목회자들과 목협의 목회자들은 6.29의 기만성과 노동자 탄압을 규탄하는 금식기도회를 기독교 회관에서 개최하였다. 이 금식기도를 마치면서 목회자를 중심으로 사건을 일으켜야 한다는 의견이 지배적이었다." 전경련 사건은 민중교회 운동 내부의 사상적 측면에서도 상당한 기여를 할 뿐만 아니라 연대 질서의 전기를 마련했다. 김광훈, "한국 민중교회연합 어제와 오늘",『민중교회』, 제10호(1992. 3,4,5,6 합본).

10 회장으로 김정택 전도사(송현산마루 교회)가, 지구 대표로는 부천지구 이원돈 목사, 부평지구 신철호 목사, 주안지구 김병기 목사, 동인천 지구는 회장이 겸임하였다. 김성희, 「인천민중교회운동협의회의 역사(북인천 지구)」, 팜플렛.

11 부천지구(새롬, 하나, 제자), 부평지구(백마, 해인, 진실, 새봄), 주안지구(인항, 한뜻, 샘터, 소성, 한길, 예림, 주안성결), 동인천지구(사랑방, 산마루, 송현샘, 새벽, 일꾼)로 나누었고, 초대 회장은 김정택 전도사(송현 산마루)가 맡았고, 그동안의 목회자만의 협의 수준을 넘어 실제적 연대를 위해 신도대표로 된 연대조직을 구성하기로 결의하였다.

12 필자 미상, "교회성과 운동성" 참조. 이 문건에서 교회성과 운동성의 논의를 촉발하게 한 것은 안산지역에서 1986년 10~12월에 일어난 민중교회 목회자 3명 전원이 구속된

하면서 교회의 정체성 문제가 심각하게 제기되었다. 인천지역에서도 정체성에 대한 고민이 심화되는 과정에서 '민중교회 목회자 모임' 내부에 「주체형의 민중교회론」이 제기되었다.[13] 1987년 전경련 사건이 터질 무렵 인천민중교회 목회자 모임에서 제안된 이 교회론의 핵심은 '민중교회운동의 성격을 어떻게 규정할 것인가'의 문제였다.

이 문제가 제기된 요인은 민중운동의 급격한 성장 속에 공개적이면서도 합법적인 대중운동의 근거지가 되었던 교회가 이제는 더 이상 공간을 빌려주는 위치에 있을 것이 아니라 교회 내의 주체를 명확하게 세워내야 한다는 절박한 과제가 있었기 때문이다. 교회 내적으로 공간 활용론에 편향된 노동활동가들과의 일정한 관계 정립을 할 필요성이 제기되었던 것이다. 한편 시기적으로도 노동 활동의 공간이 좀 더 자유스러워지면서 공간 활용 경향이 있었던 많은 민중운동 활동가들이 민중교회를 떠나 일반운동으로 편입하게 되었다. 그 결과 이전까지 상대적으로 인적 자원이 넘쳐났던 민중교회들은 일시에 공동화 현상에 직면하여 심한 허탈감에 빠져들게 되었다. 이는 전경련 사건을 계기로 산발적으로 이루어지던 교회 운동이 하나의 대오로 엮이면서 운동의 질적인 변화를 가져왔지만, 다른 한편으로 그동안 내부적으로 논의되어오던 민중교회운동의 자기 정체성의 문제를 일시에 표면에 떠오르게 만들었다.

이제 정체성의 문제는 민중교회의 모든 실천의 문제에서 드러나게 되었다. 그 대표적인 예가 민중교회운동의 정치적 과제에 대한 논의였다. 쟁점은 크게 두 가지로 보인다.[14] 하나는 "현 시기에 민교

"안산선교협의회 사건"이었다고 한다.

13 유인중 발제문

14 윤인중, 「인천지역 민중교회의 당면과제」, 인천민중교회운동 발전위원회 2차모임 (1991.3.14.)발제문.

(민중교회 ― 인용자 주)의 운동적 임무는 일반 임무 수행을 주되게 하는 것이 요청되며, 그 과정에서 스스로를 조직할 뿐 아니라 그 힘으로 기독교와 교회를 변화시켜 나가야 된다"는 논조였으며, 다른 한편에서는 "이제까지의 기독교 운동은 내실 없는 무분별한 민중 지원 활동으로 일관되었음"을 비판하면서, "내적 힘을 지니기 위해서는 일정 정도 독자적인 노력을 해야 할 때다"라는 입장이 팽팽하게 맞서게 되었다. 이러한 쟁점은 지역에만 국한된 것이 아니었다. 이 논쟁은 1970년대 말, 1980년대 기독학생운동을 중심으로 진행되어 온 논쟁의 기조를 내재하면서, 필리핀 기독자 운동(CNL)에 관한 문건의 확산을 계기로 촉발되어 기독교 사회운동 전체에 일련의 논쟁을 일으켰다. 이 논쟁을 통하여 과거의 기독학생운동 그룹에서 논의되어 왔던 논점을 기독교 사회운동 전반으로 확대하여 논의하였던 성과와 아울러 기독 운동의 과학적 정립의 문제와 정체성의 문제를 교회 내부로 끌어들여 민중교회들은 민중교회의 독자적인 영역을 확대하도록 자극되었다. 그 이후 이 문제는 수면으로 들어간 듯 보였으나, 지역 운동의 연대 구조를 논의할 때마다 그 기조가 표면상으로 떠오르곤 하였다.

그러나 노도와 같이 밀려드는 민중운동의 힘은 지역의 기존 교회에도 많은 영향을 미쳤다. 기독 운동이 지역에서 활성화됨에 따라 인천민교 창립이 이루어진 지 4개월여 만에 목회자 정의 평화 실천협의회(이하 목정평)가 창립되었고,[15] 이어서 이듬해인 1989년 6월에 인천기독교사회운동연합(이하 인천기사련)이 창립되었다.[16] 따라서 인천지

15 전국목회자정의평화실천협의회는 1984년 7월에 출범하였고, 인천지역 목회자 정의평화실천협의회는 1988년 11월 7일에 창립하였다(회장: 박동일 목사). 전국목회자정의평화실천협의회, 「목협 창립 10주년 기념 자료집」 참고.

16 1988년 9월 5일에 민중교회, 기청협, 산업선교회를 중심으로 기사협 준비위원회 발기인

역은 기독교 사회운동이 조직적으로 재편됨에 따른 상호 역할 분담 및 위치 조정이 불가피하게 되었다. 그러나 쟁점 사안에 따라 몇 교회의 상호갈등이 증폭되었는데, 뜻하지 않게 1989년 7월 한민연 총회 임원선출 과정에서 그 갈등이 표면 위로 떠올라 급기야는 인천민교 창립 이래 최초로 회원교회 중 민교 탈퇴라는 상처를 남기게 되었다. 사실 쟁점의 주 요점은 민중교회와 목정평, 기사련 등과의 관계 설정을 어떻게 할 것인가에 있었다.

한편에서는 "현재 민중교회 운동의 수준이 목회자 연대 차원이지만, 민중교회운동은 교회공동체 운동으로서의 위상이고 목정평은 목회자 대중운동의 위상이므로 상호는 독자적인 조직을 갖고 활동해야 한다"는 주장이었고, 다른 한편에서는 "민중교회운동이 전면에 드러날 경우 목회자 연대 투쟁전선이 와해될 가능성이 있으므로 인천민교는 목정평 내의 분과로 단일하게 결집해야 한다"는 것이었다. 이에 따라 한민연의 조직노선을 낭만주의적이고 급진적이며, 모험주의적이라고 보는 경향성 아래 지역 민중교회를 선교협의체 수준으로 하여 목정평의 노동분과 아래 두는 방안이 대두되었고, 이는 한민연의 무용성을 주장하는 의견과 연결되어 많은 오해를 불러일으켰다.[17] 이와 동시에 인천 기사련을 준비하는 과정에서도 민중교회는 EYC와 입장이 달랐다. EYC는 기사련을 '기독자 대중운동 조직'으로 만들어 갈 것을 주장하였고, 민중교회는 단체협의체의 위상으로 나아가야 한다고 주장하였다. 여기에 다시 목정평이 준비과정에 참여하게 되면서 목회자가 이중적으로 참여하게 되는 문제와 복잡한 제 단체의 내부

대회를 갖고, 연대운동을 전개하던 중 1989년 2월 21일 인천 목정평이 가입함으로써 명실상부한 지역 기사련으로 결성되었다. 인천기독교사회운동연합,「인천기독교 사회운동연합 창립 예배 및 총회 자료집」 1989. 6. 18)

17 윤인중, 발제문.

문제가 결부되어 더욱 어려움에 처하게 되었다. 결국 이 문제는 1989년 10월에 샘터감리교회에서 임시총회를 열어서, 그동안 기사련에서 인천민교와 목정평이 각기 다른 이름으로 참여하면서도 목회자들은 이중으로 가입되어 있어 또 다른 문제가 야기되었던 것에 대하여, 인천민교는 기사련에서 탈퇴하고 목정평의 활동을 적극적으로 하기로 방향을 잡으면서 일단락 되었다.[18] 그 외 동인천과 북인천은 사안별로 연대하며(부천은 독립), 지구 민교는 목회자와 평신도가 연합하여 운영하기로 하였다.

그러나 이를 계기로 민교 내적으로는 연대 질서가 약화되면서 개교회 단위로 활동이 이루어졌으며, 외적으로는 목정평의 활동이 강화되었지만 교인들과 함께 연대하는 민중교회의 모습보다는 목회자만의 운동이 되는 경향을 낳았다. 이런 경향들이 민중교회 내의 평신도 지도력을 약화시키고 회원교회 교인 간의 연대 고리를 더욱 약화시키는 결과를 낳자 목회자만의 운동에 대한 반성이 일어났다. 그래서 새로운 차원 즉 평신도와 함께하는 교회연합운동으로서 거듭나기 위하여 다시 지역 중심의 연합운동을 전개하기 위한 양지구 분리안이 나왔다.[19] 인천민교는 또다시 조직 정비 문제에 휘말리게 되었다. 창립 이래 1년 6개월 기간 동안, 네 번의 조직 정비가 이루어졌다. 1989년 3월에 4개의 지구에서 세 개의 지구로,[20] 다시 그 해 10월

---

18 이 회의에서 정식으로 인항교회와 진실교회는 인천민교에서 탈퇴하였으며, 다른 두 교회는 연대활동을 보류하기로 하였다. 『제 1차 북인천 민중교회운동연합 대의원 총회자료』(1991.4.14. 백마교회) 참고.

19 서애란 목사는 양지구 분리안이 나온 데 대하여, "13개나 되는 많은 교회, 한 시간 이상 차를 타고 가야 만날 수 있는 넓은 지역 지리 등의 문제가 인천에 있는 민교의 단결력과 통합력에 저해가 된다는 판단하에, 쉽게 만날 수 있고 서로에 대하여 깊이 있게 대화할 수 있는 구조로 변화를 시도해 본 것이다"라고 보았다. 서애란, 「동인천 민중교회 운동연합」, 『민중교회』, 제 5호(1990. 12)

20 1989년 2월 1일 인항교회에서 열린 임시총회에서 가결되었다.

부천지고가 독립함으로써 두 개의 지구로 축소되었고, 또다시 12월에 단일한 연대 체제가 해소되고 동인천과 북인천으로의 양지구 분리안이 대두되게 되었던 것이다.

1989년 12월 2차 임시총회가 주안성결교회에서 열렸다. 이 총회를 계기로 그동안 민교 내부에 끊임없이 제기되어 온, 목회자 중심의 교회운동에서 교회중심의 운동을 위해, 인천민교는 발전적으로 해소하기로 하고 지구 단위(동인천지구, 북인천지구)로 독립하게 되었으며, 인천 기사련에서 탈퇴할 것을 확정지었다. 그러나 동인천지구와 북인천지구는 여름수련회나 복음성가제 등 사안별로 연대할 고리를 남겨 인천민교 전체의 연대활동의 대의를 지켜나가려고 하였다. 처음에는 북인천민교나 동인천민교가 모두가 독자적인 연대구조를 통하여 연대의 내적 실효를 다지고 커다란 테두리에서 상호 정보를 주고받는 등 간헐적인 지원체제를 갖추게 되었다. 특히 동인천민교는 그해 가을에 있었던 '송림 5동 집단매몰 참사 사건'[21]에, 북인천민교는 '계산동 724번지 철거 투쟁'[22]에 참여하였고, 양지구 민교가 함께 연대 지원하면서 지역의 기독교 사회운동의 뿌리를 내렸다.[23] 그러나 지역 단위의 민중 사건을 넘어 부딪치는 정치적 사건이나 운동의 과제가 주어지면서 한계가 드러나기도 했다. 특히 양지구로 분화되면

---

21 9월 11일 선인재단 축대붕괴로 사망 23명, 가옥 20여 가구가 파괴되는 커다란 사건이 터지면서, 송림 5동 범시민 대책 위원회가 구성되고, 동인천 민중교회 연합을 중심으로 이 문제에 참여하게 된다.

22 계산동 724번지 일대에 민자당 국회의원인 이승윤 씨의 공약사항이었던 '문화회관'의 건립 문제로 20세대가 강제 철거를 당한 사건이었으며, 이 사건으로 배복녀(당시 42세)씨가 손가락이 부러졌고 배범철(당시 23세)씨가 뇌종양 수술을 받았다. 해인교회를 중심한 북인천 민중교회연합이 참여하였다. "인천지역 확대비상시국회의 민생보고서" 참조. 「인천라이프 신문」(1990.6.27.).

23 인천민교의 활동은 지역의 목정평의 수위에서 이루어진 것이 많다. 이때에도 목정평의 활동이 함께 이루어졌는데, 민중교회 목회자들 전원이 목정평의 회원이었기 때문이기도 하였거니와 지역의 대형 사건은 대개 목정평 수위에서 다루어진 것이 많았다.

서 인천민교 내부의 논의가 잘 이루어지지 않았고, 연대의 힘도 약화되어 2년 만에 다시 통합의 필요성이 제기되기에 이르렀다. 통합의 필요성은 선교적 과제를 실천하는 차원에서 많이 제기되었다.

1991년 명지대 학생이었던 강경대 군이 전경의 폭력적 진압 과정에서 타살되는 사건으로 전국적인 항의 집회가 있었다. 인천지역 역시 다시금 타오르는 민주화의 열기 속에서, 양지구가 분리된 채로 사안에 대처하기보다는 여러 면에서 인천민교의 연대활동이 절실하게 요구되었다. 정치적으로 긴박한 상황이 전개되면서 기독교의 7개 단체로 이루어진 '인천지역 기독교 비상시국 대책 회의'가 구성되었고,[24] 참으로 오랫동안 공동의 신앙 실천과 정치적 실천에 구심점을 갖지 못했던 지역의 기독 진영은 목회자들을 중심으로 금식기도회를 열며 연대활동의 새로운 돌파구를 마련하려고 부단한 노력을 기울였다. 다른 한편으로는 인천지역의 특성상 공단이 전 지역에 걸쳐 분포된 상황에서 지역 노동 선교의 일치성이 필요했다. 그뿐만 아니라 분리로 인해 민교 활동의 간부 역량과 대중 역량이 보다 열악해졌고, 한민연 차원에서도 지역 단위의 대오 결집이 필요했기 때문에 통합은 다시 기정사실화되었다. 목회자들은 통합의 원칙을 세웠다. 단순한 물리적, 기계적 결합으로서가 아니라 목회자 운동에서 교회 공동체 운동으로, 행사 중심의 연대운동에서 항시적인 조직 운동으로, 지역주민에 기반한 대중적 운동으로서의 질적인 계기를 만들어야 했다.[25] 그래서 무리하게 통합을 선언하기보다는 '정책적 합의 → 실천

---

24 한국기독교사회운동연합, 「한국기독교사회운동연합 제4기 대의원총회 자료집」, 1992년.

25 합의 단계에서는 91년 5월 19일, 동인천, 북인천민교 정책 협의회에서 민교발전위원회의 3차 논의를 근거로 하여 '인천민교운동의 방향과 과제' 토론 통합의 필요성을 확인하였다. 연대활동단계에서는 평신도 성서학교(91.6~7), 여름수련회(91.7~8)를 개최하였다. 통합단계에서는 실행위 차원에서 1차 통합을 결의하고(91.9), 이어 양지구 임시 대의원총회 및 통합대회(91.10.13)를 걸쳐 1991년 10월 27일에 통합 보고 대회 및 복음 성가제를

적 연대 → 조직적 통일'의 순으로 풀어 가기로 합의하였다. 이리하여 1991년 10월 13일에 통합 대회를 치러 다시금 인천지역 민중교회 연합을 만들었으며,[26] 매월 민중교회 대표자 회의를 상설하여 연대의 구심점을 일구어냈다.

3) 제3기: 통합 인천민중교회연합(1991.10.13.)부터 현재까지

재통합을 한 인천 민중교회연합은 조직 정비가 완료되자마자 예기치 않았던 사건을 접하게 된다. 강경대 군 타살 사건으로 인하여 불거진 정국과 1992~1993년의 정치세력 재편기에 접어들면서 지역의 재야 단체와 종교계, 양심적 민주시민들이 '민자당 일당 독재 분쇄와 민중 생존권 수호를 위한 국민연합'을 결성하게 되었다. 전국적으로 반민자당 전선이 형성되면서 항의 집회와 시위가 지속적으로 일어났다. 그때 인천민교 초대 회장이었던 김정택 전도사(송현 산마루교회)가 공동대표를 맡았었는데, 그 사건으로 인하여 수배 조치를 받았던 김 전도사가 이듬해 2월 1일에 연행 구속되는 사건이 일어났던 것이다. 인천민교 임원과 회원 목회자들을 중심으로 항의 방문 및 기도회를 열었다.[27] 이 사건은 그동안 연대 고리가 약해져 있던 인천

통하여 실제적 통합과 축제를 가졌다. 조직으로서는 최고 의결기관으로서 총회를 두고, 상임 의결 기관으로서 대표자회의, 상임 집행 기관으로 임원회를 두었다. 『북인천 민중교회 연합임시대의원 총회 자료』 참고.

26 통합 인천민중교회연합 초대 회장은 김영철 목사(고백교회), 총무는 윤인중 목사(새벽교회)가 맡았으며, 교육부, 노동선교부, 지역 선교부, 문화부, 홍보부 등 5개 부서로 나누어 조직 정비를 일단락 짓고 민중 선교에 임했다.

27 인천민교는 김정태 전도사의 연행 소식에 접하면서 당일 즉시 김영철 목사, 윤인중 목사, 조인영 목사, 신철호 목사가 목정평의 이진 목사 등 지역 운동 세력들과 항의 방문을 하였다. 지속적인 항의 방문과 기도회, 거리 시위를 하였다. 김 전도사는 3월 12일 석방되었

민중교회 연합의 강도를 굳게 했으며, 오히려 활력소로 작용하였다.

인천민교는 1992년의 주관적 · 객관적 정세가 총선과 대선으로 잡혀 나가면서 지역 민주단체와 목정평, 기노련, 노선문과 연대하여 시국기도회나 가두 집회를 통해 민자당 장기 집권 저지 운동을 전개하였고 평화통일운동에도 힘쓰는 한편, 내적으로는 통합된 인천민교의 내실화를 꾀하기 위해 정책토론회[28]를 준비하고 청년일꾼교육(1992.5.28.~6.18), 기독여성일꾼교육(1992.5.23.~6.12), 여신도 교육(1992.10.10.~10.31)을 하였다.[29] 그동안 시대적 요구와 지역적 요구에 따른 민중 선교로 인하여 목회자와 교인들이 함께하는 교회 운동이 되지 못했음을 반성적으로 검토하면서 이루어진 이 프로그램은 민교의 주체성을 확고히 세우기 위해 대외적 프로그램을 지양하고, 교회 회중을 확보하면서 신앙 안에서 교육하고 훈련하고 조직하는 일에 역점을 두게 되었던 것이다. 이는 교회 평신도 지도력 양성에 실제적인 접근을 하였다는 점에서 좋은 평가를 받게 되었다.

해를 거듭할수록 인천민교는 지역의 민중 사건에 결합할 수 있는 안정적인 조직을 가동시킬 수 있게 되었다(도표 참고[30]).

1993년도부터 시작한 산업재해를 당한 노동자를 위한 모금운동[31]은 매년 계속되고 있고, 1994년에는 지방자치 시대를 맞으면서

다.

28 정책 토론회를 위한 준비위원회가 구성되었고, 준비위원회 위원장은 이원희 목사(새봄교회)가 맡았다.

29 청년 일꾼 교육을 통하여 민중교회의 성서 이해부터 교회사, 청년의 역할 등을 교육하였으며, 기독여민회와 공동으로 주최한 여성 일꾼 교육은 민중교회운동과 여성운동을 접맥시켜 지역의 주민조직 방법에 이르기까지 여성의 사명감을 고취시켜 주었다. 여신도 교육은 교회 내적으로 교회의 살림과 역할을 집중 교육하였는데 28명이 참여하여 25명이 수료하는 열의를 보여주었다. 『제2차 대의원 총회 자료집』 참조.

30 인천민중교회연합은 1993년 이래 현재까지 15개 교회가 연대활동을 하고 있으며, 지역 단위로는 가장 큰 연대활동을 하고 있다. 지역의 민주시민단체들과의 활동 뿐만 아니라 노사문제 등 민중 사건이 일어나는 곳곳마다 민중교회가 함께하고 있다.

바른 지역 자치 운동을 선도하였고, 1995년에는 덕적도 핵발전소 건립 반대운동이 기도회 등을 통하여 이루어졌다. 또한 지역의 선교단체와의 유대를 공고히 하고 노동운동 관련 단체와도 밀접한 관계를 맺어 변화된 상황 속에서도 민중교회 초기의 정신을 이어가고 있다.[32]

한편 개교회 단위로도 새로운 양상들이 보이고 있다. 내적으로는 그동안 부실했던 교육에 힘쓰며, 한국교회 일반에 나타나는 교회 침체기를 맞아 새로운 돌파구를 마련하기 위해 연대활동보다는 목회 수업에 치중하는 교회들이 생겨나기 시작했고, 선교 대상(노동자, 빈민 등)을 중심으로 사고하기보다는 아이템을 중심으로 한 선교방식을 통하여 선교하는 교회도 생겼다.[33] 한편 몇몇 교회는 기존 교회의 선교방식을 적극 수용하는 변화도 있었다.[34]

인천 민중교회 현황과 소식

창립순	교회명	교단	목회자	창립일	교회 소식
1	백마	기감	신철호	1976. 7	다락방 전도를 통한 복음 운동 주력
2	지구촌	성결	홍삼열	1982. 1	컴퓨터 통신 선교 및 다락방 운동 전개

31 1993년 한민연 차원에서 실시되었던 산업재해를 당한 노동자를 위한 모금운동이 지역 민교사업으로 정착된 경우다. 1993년은 지하철 홍보 및 모금운동이, 1994년엔 인천종합문화예술회관에서 공연 모금이 이루어졌고, 1995년엔 월미도에서 공연 및 모금운동이 열렸다. 현재 인천민교 산하에 산재위원회(위원장: 이원희 목사)를 두고 조성된 기금운영과 연구활동을 하고 있다. 또한 이 기금은 지역에서 산재를 당한 사람과 관련단체에 지급되고 있다.

32 예본교회의 정한식 목사는 인천연합의 민생위원장 활동을, 윤인중 목사는 노동선교문화원 운영위원장을 맡아 노동선교활동을 하고 있다. 1996년 현재 대한마이크로 노조탄압 사건이 일어나면서 김영철 목사는 운여위원으로, 이원희 목사, 정한식 목사, 윤인중 목사가 대책위원으로 활동중에 있다.

33 대표적인 교회는 김포 새누리교회(김진수 목사)인데, '책나눔' 운동을 통하여 주민자치활동과 지역 운동을 전개하고 있다. 현재 책나눔 운동은 국내 최초로 그 조례안을 통과시킴으로써 군단위의 재정지원까지 확보하는 개가를 올리기도 하였다

34 지구촌 교회(홍삼열 목사)와 백마교회(신철호 목사)는 다락방 운동을, 베다니교회(안정찬 목사)는 제자화 운동을 중심으로 활동하고 있다.

3	새봄	기장	이원희	1982.12	산업재해 관련 활동(인천민교 산재 위원장)
4	소성	기장	김상목	1984.12	주민자치운동('열우물'대표)
5	송림 사랑방	기장	이상선	1985.12	재활 센터, 의료선교, 컴퓨터 교실 운영 *박종렬목사 KSCF 총무
6	해인	기장	이준모	1986. 6	할머니 한글 교실, 주부 컴퓨터/영어 교실, 교육센터 설립 준비
7	예본	예장	정한식	1986. 9	무의탁노인 선교, 인천연합 민생위원장
8	새벽	예장	윤인중	1988. 5	장기수 돕기 운동, 노동선교문화원 운영위원장 활동, 신협 준비
9	송현샘	기장	조인영	1988. 7	생활 보호 대상자 돌보기 운동(120명), 1997년 철거, 종교 부지 신청, 인천민교 회장
10	고백	예장	김영철	1989. 4	노동상담소 운영, 한민연 총무
11	베다니	예장	안정찬	1990. 6	탁아선교원, 어머니 교실, 제자훈련반과 사역반 운영
12	나섬	기장	백영민	1991. 5	공부방, 신협 준비
13	아름다운	기장	박경서	1992. 1	어머니 교실, 인하대 기독학생회 지도, 인천민교 총무
14	새누리	기장	김진수	1993. 4	공부방 운영, '책 나눔' 도서 운동(대표), 교회 건축 준비(대지 구입)
15	희년	기장	유재성	1995. 4	공부방, 지역주민 모임 준비 중

이런 변화 뒤에는 개교회 단위의 교회 구성원의 변화도 그러한 변화를 가속화시키는 이유가 되고 있다. 교회 구성원의 변화는 초기의 생산직 노동자를 중심으로 이루어진 교회에서 이제는 교회가 지역에 뿌리를 내리면서 자연스럽게 이러한 중심성이 흐트러진 데서 온 것이다. 또한 외적인 변화의 요인으로서는 김영삼 정부가 들어서고 일정 정도의 민주화에 대한 충족이 이루어지면서 한국 변혁운동의 전선이 불투명해졌고, 이에 따라 민중운동 진영에 뚜렷한 이슈가 사라지면서 민중교회운동의 주체들이 새로운 시기에 필요한 선교적 과제 앞에 혼란을 겪고 있다는 것이다. 그러나 하나님의 성령의 인도

하심에 따라 가난하고 눌림받는 형제들의 구원의 처소로서 그 역할을 감당해 왔던 인천 민중교회 연합은 비교적 연대운동을 활발하게 이루어 가고 있으며, 개교회 단위의 목회자나 교회 주체 세력들이 하나님 말씀의 신학에 근거한 민중교회운동을 전개해 왔던 전통에 힘입어 앞으로도 새로운 역사 창출을 향한 운동을 끊임없이 전개해 갈 것이다.

3. 21세기를 향한 민중선교 인천민중교회연합의 전망과 과제

시대는 변했고 또 변해 가고 있다. 분명 민중의 삶의 욕구도 변하였으며, 한국 사회의 변혁 문제도 새로운 양태로 전개되고 있다. 21세기의 문턱에 서서 한국 사회를 바라보면, 한국의 주/객관적 정세는 1997년에 실시될 대통령 선거라는 커다란 과제를 안고 배치되고 있음을 볼 수 있다. 이번 총선을 통하여 나타난 대중의 현실적 욕구를 어떻게든지 채우고 넘는 새로운 돌파구가 요구되고 있다. 세계는 정보통신의 혁명으로 산업혁명 이후 최대의 변화를 겪고 있고, 역사를 일구는 생산수단의 변화는 가히 환상적인 시대로 들어서고 있다.

동구 사회가 무너지고 김영삼 정권이 들어서면서 민생의 문제가 아직도 개선되지 않은 많은 부분이 있음에도 불구하고 폭압적 정치 형태로부터 민주적 정치형태로의 체감 정서가 달라지면서 민중교회에도 변화의 바람이 일기 시작했다.[35] 1987년 노동운동의 정점에 전

35 김영자의 논문 「민중교회 침체의 원인 분석과 발전모색」에 따르면, 거시적 환경요인으로서 "민중교회의 침체는 국제적으로는 사회주의권의 몰락, 국내적으로는 권위주의 정권의

후하여 요구되던 민중 사건과의 연대라는 환경의 변화가 일어나고, 이제는 민중 현실의 복지의 문제와 내면적으로 갈급해진 민중의 총체적 삶의 변화를 읽게 되면서 다양한 선교 방법론과 프로그램들이 개발되고 있다.[36]

이제 인천지역 민중교회의 개교회 단위에 부는 변화의 바람은 돌이킬 수 없는 상황에 이르렀다. 따라서 인천 민중교회 연합활동의 지향점도 다른 양상으로 나아갈 수밖에 없다. 그러나 이런 때일수록 민중교회의 역사와 그 역사 속에 활동하시는 하나님의 내재하심을 민감하게 읽어내야 한다. 분명 하나님은 민중교회를 이 땅에 세우심으로써 한국교회의 갱신과 하나님 나라를 앞당기는 대사역을 시작하셨다. 이제 인천민교는 민중교회의 전통을 올바르게 계승하고 새 시대에 걸맞은 민중교회를 세워나가야 한다. 필자가 그동안 정리되지 못했던 역사를 부족하게나마 정리하면서, 우리 인천민중교회 연합이 시급하게 풀어야 할 과제를 다음과 같은 맥락에서 이해하게 되었다.

첫째는 민중교회의 역사 속에서 교회성과 과학성이라는 화두로 논의되어 온 정체성의 문제가 있다. 이것은 민중교회의 신학과 결부된 것이다. 민중 사건에 교회가 응답하면서 신학적으로 검토했어야 할 많은 주제가 있었다. 민중 선교라 할 때, 한편으로는 민중의 사건을 일으키고 연대하는 차원이 있고, 다른 한편으로 민중 현실에 하나님 나라의 현실태로서의 교회가 응답하는 차원이 있다. 그러나 민중

퇴조와 절차적 민주주의의 확대, 그리고 국민 경제 수준의 전반적 향상과 함수관계가 있다." "민중교회의 감소, 인적자원과 물적 자원의 허약성, 목회자 및 실무자의 탈진, 선교 사업의 위기, 사회적 관심의 하락 등의 요인"에 다른 민중교회의 침체 또한 90년대 이후 두드러진 현상이라고 할 수 있다. 이 글은 침체의 원인을 조직 환경론적 관점에서 분석하고 있으며 한 이론의 틀로 그 대안을 모색하고 있는데, 실무의 경험과 학문성을 근거로 한 그의 탁월한 논지는 눈여겨볼 필요가 있다.

36 최의팔, 「사회복지선교의 현실과 전망」, 『한국기독교장로회 회보』 (1996. 4), pp 18-23.

교회는 지금까지 편향된 신학의 논리와 운동의 논리에 경도되어 막다른 선택을 강요받곤 했다. 시대에 따라 운동의 조건도 변하는 것이며, 더욱이 신학은 끝없이 변하는 것이다. 특히 민중신학은 변화의 내적 구조를 가지고 있다. 민중교회는 민중 신학자들과 더불어 이 시대에 필요한 민중교회의 초석이 될 신학을 시급하게 연구해야 한다. 전통교회로의 회귀라는 비판을 넘어, 오늘 민중의 삶의 현실을 두고, 보다 건전하고 건강한 신학을 위해 세부적인 목회론, 선교론 등을 정리하여 민중 교회론을 새롭게 정립해야 한다.

둘째는 민중 선교의 틀을 정착시켜야 한다. 민중 선교는 민중 사건에 기동성 있게 응답할 수 있는 체제와 시대와 지역이 요구하는 프로그램을 개발하고 지역과 시대성을 선도할 수 있어야 한다. 그 동안 민중교회는 개교회 단위에서 완결적인 선교 프로그램을 가지려는 데서 어려움이 있었다. 질적인 면에서나 양적인 면에서 전통교회들과 경쟁의 막다른 골목으로 내몰리고 있다. 전통교회들이 막대한 물적, 인적 자원을 토대로 그동안 민중교회의 선교 프로그램들을 새로운 차원에서 받아들이고 있기 때문에 민중교회의 복지 차원의 선교 프로그램은 심각한 도전을 받고 있다. 이제 민중교회의 선교 프로그램은 지교회의 연대나 일반교회와의 교류를 통하여 할 수밖에 없다. 예를 들어 인천 민중교회 연합이 농촌교회와의 나눔의 사건을 일으키고 이 연대운동에 회원교회가 적극 참여하는 방식을 고려해 볼 수 있다. 또한 외국인 노동자 선교 프로그램이나 산업재해를 당한 노동자를 위한 선교 프로그램과 같이 시기적으로나 지역적으로 요청되는 선교 분야를 전략 선교 프로그램으로 공동 개발하여 연대운동을 전개해 나갈 수 있다. 이는 필요에 따라 민중교회 연합 운동이 에큐메니컬하기 때문에 KNCC 등과 같은 차원에서 프로젝트화할 것을 요구하여 지역단위의 선교프로그램화하는 방안도 고려해 볼 수 있다.

셋째는 민중교회의 성장을 위한 내적 동인을 개발하고 교인들이 교회 성장에 적극 참여할 수 있도록 해야 한다. 교회 성장의 문제는 많은 토론을 필요로 한다. 그러나 그동안 전통적인 교회들이 보여준 교회 성장의 원리는 분명 경계해야 할 일이지만, 적은 수의 교인들이 갖게 되는 섹트나 경직성은 민중교회의 성격을 변질시킬 수 있다. 또한 현재 민중교회는 대부분의 교인이 민중교회의 목회자들과 수직적 관계에 있다. 이러한 관계는 목회자들이 연대활동이나 민중사건에 참여하기 어려운 구조로 틀 지워지고, 이에 따라 교회 내부적 일들을 소홀히 하는 결과를 낳게 되며 이는 교회 침체의 원인이 되기도 한다. 민중교회의 성장은 하나님 나라 운동의 동지들을 규합하는 한 사건이며, 하나님 나라 운동을 확장하는 한 양태다. 성장은 교회 건축을 의미하지 않으며, 민중교회의 성장은 선교의 질과 양을 확대하는 것과 비례하여야 하며 늘 교인들에게 체감되어야 한다. 오늘날 대형화된 한국교회는 인본주의로 팽배해져 있고 물량주의에 경도되어 있다. 성령께서 우리 민중교회에 사명으로 주신 한국교회의 갱신은 민중교회의 양적 질적 성장을 통해서만 가능하다. 민중교회의 성장은 뜨거운 성령 운동을 통하여 나눔의 훈련, 섬김의 훈련에 대한 강도를 높이는 것과 목회자들과 교인 개개인의 높은 도덕성과 청렴성, 순결성을 통해 가능할 것이다.

넷째는 민중교회 목회자들의 자기 계발과 목회자들 간의 신뢰를 회복하는 일에 우선적인 관심을 가져야 한다[37]. 목회자 자신의 질 저하의 문제는 지역 민교의 발전을 저해한다. 민중교회의 육성과 발

---

37 이춘섭, 「교단민중교회운동의 현황과 과제」, 『한국기독교장로회 회보』, (1992.3), pp.28-35.

전의 핵심은 목회자의 자질에 달려 있다.[38] 교회에 침투한 물량주의와 인본주의적 요소를 철저히 배격하고, 민중들과 더불어 목회하면서 단련된 청빈한 삶을 해방적 영성의 문제로 가꾸어 나가야 한다. 성서에 대한 깊은 연구와 기도에 힘쓰고, 나아가 순결한 영성을 가진 목회자로서의 신뢰를 회복하고 교인들의 영적인 갈급한 물음에 편안함과 힘을 제공하여야 한다.[39] 선후배로 질서 세워지는 종적인 관계보다는 한 교회를 대표하고 있는 목회자로서 그리고 한 뜻을 세우고 한 길로 나아가는 동지로서의 관계성을 회복해야 할 것이다. 또한 민중교회 목회자들부터 대의에 충실하고 전통적 질서를 넘어 공동체적 품성을 함양해야 한다. 이는 개교회 교인들의 영성 문제와 분리될 수 없는 문제다. 교회 내적으로 형성된 개방적 문화가 민중교회 운동의 순결성을 해쳐서는 안 되며, 목회자는 영적인 권위를 회복하기 위한 뼈를 깎는 인내와 한결같은 지도력을 발휘할 수 있도록 경주해야 한다.

아직 필자는 민중교회의 훈련과 경험이 부족하다. 많은 부분에서 미진한 부분이 있을 줄 안다. 역사는 미래를 향하여 열려 있듯 우리를 인도하시는 하나님의 역사 바로 체득하여 부족한 것을 채워 나가며, 오직 예수 그리스도만을 바라보고 이 현실을 딛고 일어서자.

---

38 특별히 연대활동보다는 개교회 단위의 목회 일에 치중하는 가운데 생기는 불신을 최소화하고, 적합한 역할 분담과 대의에 충실한 품성과 덕성을 길러야 한다. 윤인중의「우리들 동지애의 고양과 서로의 자질의 향상을 위하여」, 권진관의「교회: 새로운 품성과 영성으로 거듭나는 것, 참조.

39 한국기독교장로회 민중교회운동연합,「민중교회 10년의 반성과 과제」,「바닥 에서 일하는 하나님」, pp. 32-49.

인천의 소비자생활협동조합의 초기 형성과 분화 과정에 관한 연구*

박인옥** · 이영애***

교회 옆의 천막집은 '한마을생활협동조합'이다.
우리 농산물 직거래 운동을 전개하였다.

1. 연구 배경 및 목적

본 연구는 1987년 6월 항쟁 후 다양한 분파의 사회 세력들이 형성되며 산업화로 인한 환경 파괴와 농촌, 농민 문제, 안전한 먹을거

* 본 연구과제 수행을 위해 인터뷰와 자료 제공에 도움을 준 김성복, 황보윤식, 윤현수, 심형진, 정연실, 김현숙, 박상문 님께 감사드린다.

** 제1저자, 중부대학교 강사
*** 교신저자, 인천대학교 소비자학과 부교수.

리에 주목한 인천지역 내 소비자생활협동조합(이하 생협)의 초기 형성 및 분화 과정 분석을 목적으로 한다.

생협은 역사적으로 국가 및 지역 차원에서 다양한 세력들의 이해와 요구를 반영하고 있다는 점에서 일관한 하나의 형태 또는 통일된 의사 결정 과정을 거치기보다 다양한 형태로 존재하였다. 특히 지역 스케일의 생협은 정치적-사회적으로 분화 및 재편되며 형성된 사회 세력이 각각의 이해와 요구를 반영하기 위해 갈등-조정-배제-경합하는 등의 행위로 나타나는 과정의 산물이다.

인천은 전통적으로 노동자들의 거센 저항운동의 메카로 잘 알려져 있다. 1960년대 자립경제 달성을 최우선으로 하는 국가 주도의 산업화 정책에 따라 1970년대 부평공단-주안공단-인천기계공단-1980년대 남동공단 등 대규모 수출 공업 단지가 조성되었고, 공단 주변에는 일자리를 찾아 전국에서 올라온 수많은 노동자가 밀집하여 값싼 노동력을 공급하였다. 그러나 이러한 지역 내 배경은 저임금의 열악한 노동환경과 주거 환경의 불안정한 삶으로 나타났으며, 이는 노동자들이 직장 내 협동조합 설립과 지역 공동체 구성을 통해 자신들의 이해와 요구를 반영하여 삶의 불안정성을 개선하고자 하는 계기가 되었다.

1970~1980년대 초 한국노총 산하 협동조합, 동일방직, 대우중공업 등에서 직장 내 소비자협동조합 및 신용협동조합이 설립되었고, 조화순 목사가 주도한 인천도시산업선교회의 지역 공동체 등은 노동자의 삶과 밀접하게 연관되어 형성되었다. 인천도시산업선교회와 달리 한국노총 산하 협동조합 활동이 각종 이권 개입, 협동조합의 가치와 철학 부재 등 실패 요인을 잠재하고 있었다면, 1980년대 후반부터 1990년대 초반의 협동조합 운동은 아래로부터 자율적인 참

여와 협동조합 운동의 가치 및 철학을 실천하기 위한 다양한 사회세력들에 의해 생협 운동으로 결실을 맺게 된다. 따라서 1980년대 격변기를 경험한 후 노동조합의 협동조합 운동 실패와 사회 세력의 제도권 진입 실패에 따른 새로운 대안 운동으로 생협 설립이 1990년대 초 인천에서 동시다발적으로 등장하였다. 푸른생협, 부평생협이 당시 설립된 대표적인 생협임은 이미 잘 알려진 사실이다.

그러나 인천의 생협 역사를 서술함에 있어 지금까지 간과하거나 생략하고 있는 문제가 있다. 그것은 기존의 생협 연구가 생협을 이미 존재하는 것으로 전제하여 분석할 뿐 그것의 토대를 마련한 지역의 사회세력이 어떠한 과정을 거쳐 형성 및 분화되었는지에 대해서는 구체적인 내용을 제시하고 있지 못하다는 것이다. 대표적인 예로 푸른생협, 부평생협 활동 이전에 설립된 한마을생협이 여타 인천 내 생협 설립에 영향을 미치는 시발점이 되 었다는 점에 대해서는 거의 언급하고 있지 않다. 따라서 본 연구는 한마을 생협을 시발점으로 1990년대 동시다발적으로 전개된 생협의 초기 형성과 분화 과정을 분석한다.

본 논문의 구성은 제2장에서 생협운동과 관련한 선행 연구를 살펴보고, 제3장에서는 1980년대 인천의 생협운동이 대안 운동으로 등장하게 되는 배경으로써 시민 사회운동의 분화 과정을 정리함으로써 이 장은 인천 생협 운동의 분화와 재편을 추동하는 요인이 무엇인지 이해하고자 한다. 제4장은 인천 생협운동의 역사를 다시 정리할 필요성을 갖고 생협설립의 시발점이 된 '한마을생협'의 형성과 활동을 우선 살펴본다. 또한 생협의 분화와 재편 과정이 이탈-통합-연대-해산 등의 형태로 나타나고 있음을 분석한다. 제5장은 분석 결과를 바탕으로 인천의 초기 생협의 형성과 분화 과정의 특성을 정리한다.

본 연구를 위해 연구자는 생협운동에 참여했던 당시 활동가들을 인터뷰하고, 그들의 기록 및 보관한 자료를 참고하였다. 그러나 30여 년이 지난 현재 당시 활동자료 상당수가 분실 또는 폐기되어 인터뷰 당사자들의 기억에 일부 의존한 한계가 있음을 밝힌다.

2. 선행 연구

오늘날 생협 운동은 자본주의 시장경제의 대안으로 성장 일색의 시장경제 체제 내에서 발생하는 다양한 위기 국면을 극복하기 위한 흐름의 한 축을 이룬다. 또한 자본주의 사회에서 생협운동의 가치와 철학 이면에는 경제적 위기뿐만이 아니라 정치적-사회적 요인을 반영하기 때문에 생협운동 은 노동자들의 이익과 집단의 이해를 반영하고 자본의 지배에 저항하며 조직한 결사체로서 형성. 성장-발전 및 쇠퇴하는 과정을 자연스럽게 거치게 된다. 이러한 과정 속에서 생협운동은 해당 지역의 성장 역사와 차이를 고스란히 담아낸다. 이와 관련한 서구의 다양한 사례 연구는 이미 상당수 소개되어 알려졌지만,[1] 인천지역 생협의 전반적인 사항을 통시적으로 연구한 사례는 거의 보고된 바가 없다. 이에 본 선행 연구에서는 서구 생협운동의 역사에 대한 구체적인 언급에 집중하기보다는 우리나라의 성장 일변의 역사 속에 나타난 생협의 사례를 중심으로 소개하고자 한다.

---

1 전형수, 강연우, 「독일 Co-op Dortmund-Kassel 의 실패 사례에서 본 생협의 한계와 대안」, 『산업혁신연구』 제28권 4호, 2012; 강일선 · 전형수, 「동독 사회주의 소비협동조합의 발생과 성장」, 「한국협동조합연구』 제21권 제1호, 2003; 전홍규, 「생활협동조합과 소비자운동」, 『도시와빈곤』, 한국도시연구소 30호, 1998; 레이들로, 『21세기 협동조합 레이들로 보고서』, 염찬희 옮김, 알마, 2015.

국내 생협 연구 성과를 살펴보면, 대부분의 연구에서 생협운동을 일종의 대안 운동 성격으로 규정하여 접근하고 있다. 구체적으로, 생협의 성장 전략 및 효율적 운영방안 모색을 위한 연구[2], 거버넌스 조직으로서 생협 연구[3], 생협 생산자와 소비자 관계 변화 연구[4], 한국 생협 성장의 역사 또는 지역 생협운동의 확장과정 연구[5], 신자유주의 시장경제의 대안적 모델로서 협동조합의 지속 가능한 발전 가능성 및 정체성 제고와 지역사회 기여 방안 연구[6], 생협운동이 한국의 성장 역사에서 반독재민주화운동의 대안으로 논의되기 시작한 시대의 정치적 상황을 반영한 연구[7] 등이 있다. 이들 생협 연구는 공통적으로 2007년 세계 경제 위기 국면에서 자본주의 시장경제의 대안으로 협동조합의 사회적 가치를 강조하며 한국 생협운동의 역사를 재조명하고자 하였다는 점에서 의미를 갖는다.

이처럼 생협의 가치를 재조명하게 된 배경은 국가 성장 정책을 핵심으로 하는 산업화 과정의 부작용과 밀접한 관련이 있다. 환경문제를 부차적인 문제로 인식해 온 성장제일주의는 각종 농약에 오염된 토양과 농산물, 자연 파괴, 시장 개방에 따른 농촌 위기 등 사회 전반에 영향을 미치는 자본주의 모순에 대응한 대안 운동을 요구받았다. 따라서 군부 독재정권의 중앙통제체제에서 발생한 1987년 6

---

2 장원석 · 이지은,「생협의 성과와 과제」,『한국협동조합연구』 제27집 제1호, 2009.

3 김아영 외,「협동조합의 거버넌스 실천: 전주아이쿱생협 사례 연구」,『한국 협동조합연구』 제34집 제3, 2016.

4 허남혁,「생협생산자 조직의 생산 · 소비관계의 변화: 홍성 풀무생협 사례 연구」,『농촌사회』 19(1), 2009.

5 정은미,「한국 생활협동조합의 특성」,「농촌경제』 제29권 제3호, 2006; 김도균 · 이정림,「지역생활협동조합의 동원과 성장: 전의 한밭생협 사례를 중심으로」,「ECO」 제21권 2호, 2017; 서성진,「원주지역 생협운동의 프레임 변화연구」, 고려대 석사논문, 2010.

6 송두범 외,「협동조합의 정체성 및 지역사회기여 강화 방안」, 충남발전연구원, 2013.

7 하승우,「협동조합과 지역운동」, 제1회 충남협동조합연구포럼, 2013. 2. 13.

월 항쟁 후 형식적인 정치적 민주화 달성은 다양한 형태의 사회운동으로 나타났으며, 생협운동은 농민운동, 생명운동, 민주화운동, 환경운동, 시민사회운동 등이 혼합되거나 밀접하게 연관되어 출발한다.[8]

이들 기존 연구 유형은 세 가지로 특성을 구분할 수 있다. 첫째, 개별 생협 활동에 초점을 두어 생협의 성장 및 과제 등 효율적 운영 방안을 모색하고 있는 점이다. 둘째, 개별 생협의 성장을 지역의 정치적, 사회적 흐름이나 담론을 반영한 산물로 이해하고 있는 점이다. 하지만 대부분의 생협 연구는 단순히 개별 생협의 역사를 개괄하고 주변의 변화 흐름을 반영한 향후 과제를 제시하는 수준에 머물고 있다. 셋째는 개별 생협 활동에 주목하는 연구의 한계를 극복하여 한국 자본주의 성장 과정에서 외부의 정치 사회적 맥락 및 자원동원론의 관점에서 성장 역사를 분석한 연구다. 특히 서성진[9]의 연구는 원주지역 생협운동을 분석하고, 원주지역의 생협운동을 발흥기, 정착기, 확장기로 구분하여 프레임 이론과 정치적 기회구조 개념을 활용해 생협운동의 변화를 분석하였다. 개별 생협운동을 지역적 특성이 반영된 역사적 산물로 바라보고 내부 동학을 이해하는 데 초점을 두었다는 점에서 의의가 있다. 즉 '생협'과 '생협운동'을 동일시하거나 개별 생협조직에 천착하기보다 원주라는 지역성과 운동의 틀을 이해하도록 함으로써 특정 개별 생협이 아닌 원주 지역의 생협운동을 분석하였다는 점에서 의미 있는 연구라고 할 수 있다.

한편 개별 생협의 생협운동에 대한 비판적 시각도 있다. 한국의 대표적인 생협 조직의 활동이 점차 단순한 친환경 농산물 직거래 사업으로 수렴되면서 초기 자본주의 시장의 모순을 비판하고 대안적

8 권오범, 「한국생활협동조합운동의 성과, 이념, 전망」, 『사회과학연구』, 제30집, 2012.
9 서성진, 2010.

시장의 사회운동을 갖는 성격이 퇴색하고 있다는 점들이다[10]. 더 나아가 김영곤[11]은 협동조합을 둘러싼 객관적 조건을 서술하고 거시 분석과 미시 분석을 연결해 협동조합이 '장사나 하는' 조합주의에 안주하는 것을 경계해야 함을 지적한다. 자본의 지배에 순응하는 시장경제의 모순을 극복하기 위해 전개된 생협운동이 점차 소비의 조직화를 통한 성과 및 규모 확장을 통해 시장경쟁에서 생존하기 위한 전략을 핵심 사업으로 하고 있음을 지적한 것이다.

이에 관련해 김기섭[12]은 한국 생협 내부의 협동에 대한 개념을 확대 혹은 수정해야 함을 제기한다. 이제는 경제적 필요를 충족하기 위한 협동의 개념을 넘어 생존의 조건을 마련하고 협동의 대상을 소비자 조직에서 지역과 노동을 어떻게 조직할 것인지를 고민하면서 새로운 생협운동 방향의 지향점을 모색해야 함을 강조하고 있다. 자본주의 사회에서 생협은 시장경쟁에서 소비자를 조직하는 운동을 전략으로 삼을 경우 종국엔 자본의 지배를 극복하기 어렵다고 판단한 것이다. 이에 대한 대안으로 김기섭은 자본에 의해 지배받지 않고, 협의를 통해 각자의 노동을 조직해가는 결사체로서 '협동조합 간 협동', '사회적 기업 조직' 등을 대안으로 생협운동이 초기 사회적 운동의 성격이 퇴색하고 있다는 비판을 넘어서야 한다고 지적한다.

그러나 앞서 지적했듯이 생협운동이 가지는 한계를 극복하고 자

---

10 김홍주, 「생협 생산자의 존재형태와 대안 농산물체계의 모색: 두레생협 생산자회를 중심으로」, 「농촌사회」, 16(1), 2006: 백은미, 「생협운동 경험을 통한 여성들의 살림가치에 대한 의미 고찰」, 「여성학연구」 22(2), 2012; 윤병선, 「대안농업운동의 전개과정에 대한 고찰; 유기농업운동과 생협운동, 지역먹거리 운동을 중심으로」, 「농촌사회」 20(1), 2010; 허남혁, 「생협생산자 조직의 생산-소비관계의 변화: 홍성 풀무생협 사례연구」, 『농촌사회』 19(1), 2009.

11 김영곤, 「인천지역 협동조합 생존의 흐름과 현안」, 인천학연구(20), 2014.

12 김기섭, 『깨어나라 협동조합』, 들녘, 2013.

본의 지배를 뛰어넘기에는 여러 가지 제약이 있음을 상기할 필요가 있다. 하비[13]가 주장한 바와 같이 공동의 결사체인 협동조합도 자본주의 사회규모(스케일)의 문제를 피하기 어렵다. 협동조합이 공동의 목표를 실현하기 위해서는 자 본주의 본질적 속성 상 생산-소비 공간을 지속적으로 확대하고, 잉여를 창출해야 하기 때문이다. 소규모 연대경제 또는 공동체에서는 수평적이고 합리적인 관리 가능성을 발견할 수 있지만 규모가 커지게 되면 다중 세력 간 갈등이 발생하고, 이를 조정, 운영하기 위한 위계적 조직 형태가 필요하다는 점에서 관리체계나 전략은 판이하게 바뀔 수 있다.

이상 기존의 연구를 살펴본 결과 두 가지 측면에서 접근 방법의 한계를 지적할 수 있다. 첫째는 국가 또는 지역 단위 측면의 생협 또는 생협운동은 자본주의 시장 질서 내 순환을 전제로 하고 있다는 점이다. 둘째는 다양한 생협 조직 형태 또는 참여자의 행위를 이미 존재하는 것으로 이해하여 행위자를 분석 대상에서 제외하고 있는 점이다. 이 같은 한계는 지역 생협운동의 차원이든 개별 생협운동의 차원이든 생협을 이미 존재하는 것으로 인식하여 접근한 결과다.

따라서 본 연구에서는 생협운동이 지적한 한계를 극복하기 위해 자본주의 대안 운동의 주체로 등장하지만 규모의 경제, 즉 소비자 조직의 한계에 직면하며 분화 및 재편되는 과정의 사회세력들의 행위가 생협 활동에 어떤 영향을 미쳤는가를 주목하고, 인천지역의 초기 생협운동을 사례로 살펴보고자 한다. 위에 제기한 기존 연구의 두 가지 측면의 한계는 생협운동이 분리 또는 독립되어 나타나는 것이 아니라 상호 밀접하게 연관되어 있다는 사실을 간과한 결과이다. 따라서 개별 생협 또는 생협운동은 생산과 소비의 유기적 관계를 유

13 D. 하비, 『반란의 도시』, 한상연 옮김, 에이도스, 2014.

지-지속해야 하는 관리 및 소비자 조직 등 규모의 문제를 둘러싸고 다양한 사회세력들이 참여하면서 형성, 분화, 확장을 경험한다는 사실을 강조하지 못한 한계를 드러내고 있음을 지적하지 않을 수 없다.

이에 본 연구에서는 생협이 동일한 유형이나 하나의 완성된 형태에서 출발하여 성장하는 것이 아니라 다양한 사회세력들 간 이해와 요구가 복잡하게 얽혀 충돌, 갈등, 경합, 배제 등 행위를 반영하며 형성 및 분화되어 나타난 산물임을 전제로 접근하고자 한다.

3. 인천 사회운동의 재편과 생협운동

1) 사회운동의 재편

지역 또는 국가의 사회문제에 대한 인식과 해결 방식은 현실 정치의 환경에 따라 차이가 있어 각각의 시대적 담론을 담는 그릇은 하나로 수렴되기 어렵고, 다양한 분파를 형성하도록 한다. 따라서 생협운동은 정치적, 사회적으로 시대적 흐름, 즉 성장 역사 및 정체성 등과 연관되어 지역 사회단체의 재편과 밀접하게 연관되어 나타난다.

인천 사회세력의 특성과 관련한 연구는 상당 부분 정리되어 있다. 그러나 본 연구 목적을 고려하여 지역사회운동이 어떻게 전개되었는지를 기존의 연구를 참고하여 언급하고자 한다.

1980년대 말 노동운동계는 노태우 정권을 끝으로 형식적 민주화를 달성하였다고 판단하고 대안 운동으로의 방향 전환을 모색하였다. 반독재 민주화운동에서 새로운 운동으로의 전환을 모색하는 많은 NGO 단체가 설립된 것은 이 같은 흐름을 잘 반영한다. 노동, 교육, 환경, 여성 등 영역의 시민 단체가 설립되고, 이들 영역은 다시 민족–민주–민중 노선의 이념적 가치 와 이해관계에 따라 분할, 연대 또는 통합의 형식으로 사회세력들이 결집하였다. 이러한 흐름은 흔히 6월 항쟁을 기점으로 반독재 민주화 중심의 거대한 운동에서 다양한 사회운동이 '차이의 운동들'(movement in difference)로 규정되어 한국 사회운동의 구조가 재편되기 시작하였다고 평가된다.[14] 서성진은 원주지역 생협운동을 분석하며 1980년대 중반에서 1990년대 후반을 1987년 민주화운동을 계기로 시민사회의 장이 열리고 민중세력의 다원화가 이루어지는 시기로 해석한다. [15] 또한 송정로는 인천의 시민사회운동사를 정리하며 반독재 민주화운동, 학생운동 중심의 사회운동에서 민주화운동과 노동–민중운동 세력이 이른바 '최대 민주화연합'을 형성하게 되었다고 설명하고 있다.[16] 즉 노동–교육–환경–여성–빈민 등 산업화 과정의 제도권에서 탄압받고 소외된 영역을 체제 내 합법적 대중 조직으로 전환하기 위한 시민단체가 창립되고, 이들 영역은 다시 민족–민 주–민중 노선의 이념적 가치에 따라 분할, 연대 또는 통합의 형식으로 사회세력들이 형성되는 과정을 상세하게 기록하였다.

1987년 6월 항쟁과 대선 패배 이후 기존의 연합은 파열되고, 사회운동으로의 분화 또는 분열은 구조적 관점에서 볼 때 조희연의 '차이의 운동들'은 사회 세력들의 각각의 이해와 요구를 반영하기 위한

---

14 조희연, 거대한 운동으로의 소렴에서 차이의 운동들로 분화: 한국민주와 과정에서의 사회운동의 변화에 관한 연구」, 조희연 – 김동춘 – 김정훈 편, 거대한 운동에서 차이의 운동들로: 한국 민주화와 분화하는 사회운동들」, 한울, 2010.

15 서정진, 2010, 6쪽.

16 송정로, 2010, 10쪽.

과정의 행위로 해석할 수 있다. 이와 같은 각각의 이해를 반영한 다양한 분파의 행위는 공통적으로 풀뿌리 민주주의 실현과 민중의 정치세력화에 있으나 급진적 개혁과 점진적 개혁의 방법론을 둘러싼 전선 및 전략에서 우위를 차지하기 위한 것이다. 즉 노동운동 단체의 정치세력화를 위한 재편,[17] 지역 공동체 및 빈민 운동의 대중조직으로 결집되었다[18].

이들 지역 운동 세력의 등장은 노동 및 학생운동 출신 젊은 세대가 풀뿌리 민주주의 실현의 기회로 1988년 총선, 1991년 광역지방선거, 1992년 총선 등 제도권 진입을 위해 정당을 건설하는 등 연대, 연합의 형태로 세력을 확장하며 분화하였으나[19] 현실 정치의 권력관계를 뛰어넘지 못하고, 운동 진영의 정치세력이 약화되면서 대중조직 건설의 필요성을 자각하였기 때문이다.[20]

사회운동의 이념적 기류는 급진적 체제변혁보다 점진적 개혁에 관심을 돌리며 새로운 대안 운동, 즉 생활정치 운동으로 전환을 시도한다. 따라서 생활정치의 확산은 제도권 진입을 통한 풀뿌리 민주주의 실현과 제도권 밖에서 사회운동의 연대 또는 조정을 통해 좀 더 대중적인 생활 속 실천 운동으로 재편된다. 이는 이합 집단의 계보정치로 정치발전은 더디고 주권 재민의 실질적 민주주의의 가치는 여전히 국민들에 잘 와닿지 않았어도 시민들은 급진적 체제 변혁보

---

17 인천지역민주노동자연맹, 인천지역민주노조건설공동실천위원회, 인천지역해고노동자협의회, 인천민중문화운동연합, 인천부천지역민주노동자회, 인천민주청년회, 통일로가는민주노동자회, 인천지역노동운동단체협의회, 인천여성노동자회, 천주교 및 기독교사회운동연합, 인천지역사회운동연합, 인천민중연합 등 다양한 분파로 재편되었다.

18 인천빈민지역활동가협의회, 인천지역주민회, 인천과 부천지역 공부방 연합회, 도시산업선교회, 인천지역진료소연합.

19 민주헌법쟁취국민운동본부 인천본부, 인천민족민주운동연합, 국민연합 인천본부, 민주주의 민족통일인천연합 등.

20 송정로, 2007, 43-49쪽.

다 점진적 개혁에 관심을 돌린 것으로 해석될 수 있다[21]. 이로써 생협운동의 흐름은 점진적 개혁의 한 축으로 형성되기 시작하였다.

2) 생협운동

인천지역의 시민단체는 지역의 정치적, 경제적, 사회적 이슈를 특정 계급의 문제로 협소하게 접근하는 것이 아니라 시민의 생활과 밀접하게 연관된 도시 저변의 공공 영역으로 확장하여 관료 중심의 행정제도 개선이나 대안 제시 등 운동을 과제로 하였다.

이러한 시민단체의 구체적인 예는 1980년대 말에서 1990년대 초 목요회, 산업사회보건연구회, 건강사회를 위한 치과의사회, 건강사회를 위한 약사회, 참교육학부모회, 여성의 전화, 녹색연합, 환경운동연합, 가톨릭환경연구소, 청량산살리기시민모임, 경실련, 해반문화사랑회, 서해광장 등이 국가와 지역 단위 사회문제에 주목하며 창립되었다. 즉, 독재정권의 권력을 타도 대상으로 했던 반독재 민주화운동에서 이젠 권력 그 자체가 아닌 권력이 생산하는 정책에 주목하고자 한 것이다.

공공의 영역으로 확장을 시도하는 시민사회 운동은 제도 개선뿐만 아니라 산업화 과정의 부작용, 즉 공해와 직업병 확산, 농촌-농민문제, 환경 파괴, 지역 공동체 해체 등 하늘과 땅, 인간의 삶의 질에 주목하였다. 이 같은 변화는 1986년 국가가 UR 협상을 시작으로 한국의 농촌문제를 국가의 보호 대상이 아닌 자본주의 시장경제의 경쟁 상품으로 취급하여 우리 농산물을 위협하고 있는 것과 관련이 있

21 송정로, 2007, 51쪽.

다. 농촌, 농민 문제가 더 이상 정권의 희생물이 되어서는 안 된다는 특별한 요구와 절박함이 사회운동의 재편과 맞물려 시민사회의 자발적 움직임으로 나타나기 시작한 것이다.

산업화 과정에서 각종 농약에 오염된 농산물이 국민의 건강과 생명을 위협하고, 인간과 자연의 유기적 관계를 해치는 문제를 어떻게 해결할 것 인지, 그리고 생산자를 사회적으로 배제되거나 소외된 약자로서가 아니라 소비자와 어떻게 공존의 관계를 구축할 것인지를 시민사회가 사회적 과제로 논의하게 된다. '차이의 운동' 관점에서 산업화 과정의 부작용을 담론으로 생협운동을 전략적으로 선택한 것이다.

이러한 농촌, 농민 문제에 대한 사회적 논의는 1980년대 말 노동운동계, 민중운동계, 재야세력 등 지역 사회운동 세력의 재편과정과 맞물려 전개되었다. 그 결과 생협운동, 우리밀(농촌)살리기운동으로 지역의 사회세력들이 결집하였다. 구체적인 예로 한마을생활협동조합(이하 한마을생협), 한겨레 생활협동조합(이하 한겨레생협), 부평생활협동조합(이하 부평생협), 푸른생 활협동조합(이하 푸른생협), 21세기생활협동조합(이하 21세기생협), 건지골 생활협동조합(이하 건지골생협), 현강생활협동조합(이하 현강생협) 등이 1990년대 동시다발적으로 설립되었다. 이들은 지역의 단위 생협 활동에서 영역을 확장하여 구체적인 실천을 이어 나간다. 생협법 제정 운동, 우리 민족의 정서를 살리는 민족 공동체 운동으로 나아가기 위한 '쌀과 기초농산 물 수입 개방 반대 인천 시민대책위원회'에 참여하여 국회의원 비준 거부 및 UR 재협상 촉구 등 인천이라는 국지화된 지역 스케일을 뛰어넘어 전국적으로 조직화하였다.

초기 단위 생협의 실천 사업으로 선택한 도-농 직거래 운동은 공존-공생하는 사회구조의 변혁을 실질적으로 이끌어 가는 데 한계가 있었다. '누가 주도하고 어떻게 실천할 것인가'하는 물음에는 개별 단체의 의지와 열정만으로 극복하기 어려운 위험 부담이 따르기 마련이었다. 생협운동, 우리밀살리기운동, 우리 농촌 살리기 운동은 농업이 '경제 가치에서 생명 가치로', '교환 가치에서 사용 가치로', '경쟁 가치에서 협동 가치로', '물질 가치에서 정신 가치로'를 핵심 이슈로 한 연대-연합하여 개별 단체의 국지적 행위를 넘어서도록 하였다. 그러나 초기 생협운동은 단위 생협 내 민주적 의사결정 과정의 위계질서, 여러 갈래로 분파된 사회 세력들 간 생협 조직 내 경쟁과 배제, '규모의 문제'에 부딪히며 사회적 기여 목표를 우선할 것인지 아니면 경제적 목표를 우선할 것인지 담론 사이에서 균형을 이루기 어려운 현실적인 문제에 부딪힌다.

4. 인천의 생협운동의 초기 형성과 분화

생협은 다양한 분파의 사회세력들이 소비 주체인 시민의 자기 결정권을 갖는 집합체로 형성 및 분화하는 집단 행위의 산물이다. 생협의 분화 요인은 단순히 단위 생협의 경영 위기만 존재하는 것이 아니라 사회 세력들 간 이해와 요구를 둘러싸고 충돌-갈등-조정-경합-배제 등 행위와 밀접하게 연관되어 나타난다. 생협 내 구성원의 경영에 대한 이해와 문제 해결 접근 방식의 차이, 조합원 구성의 다양성과 공동체에 대한 인식 정도, 이해집단 간 경쟁 구도, 국가 단위의 정책 및 제도 문제 등 조직의 안팎에 존재하는 다양한 요인들이 복합적으로 상호 영향을 미치고 있다고 보기 때문이다. 따라서 이 장에서는

1980년대 6월 항쟁 이후 인천의 사회운동 세력의 재편 과정에서 형성된 생협의 분화 과정과 특성을 지역 스케일의 관점에서 살펴본다.

1) 인천의 생협 역사 다시 쓰기: '한마을생협'

1980년대 말 생협운동의 가치를 주목하며 생협 설립을 위한 발기인 구성과 창립 움직임이 1990년대 들어 동시다발적으로 나타났다. 구체적으로 1990년 6월 28일 '한마을생협', 1991년 9월(?) '한겨레생협'[22], 1992년 10월 25일 '부평생협', 1993년 4월 3일 '푸른생협', 1993년 '21세기 생협', 1994년 9월 25일 '건지골생협'[23]등이 준비위를 거쳐 창립되었다.

지금까지 인천의 생협운동에 대한 기존의 기록이나 연구는 부평생협과 푸른생협을 중심으로 논의가 이루어졌다. 하지만 설립 기준으로 볼 때 가장 먼저 창립되어 인천의 생협운동에 시동을 걸은 것은 '한마을생협'이다. '한마을생협'이 수년 동안 활동하며 남긴 흔적은 결코 작지 않음에도 지금까지 제대로 기록 및 분석되지 못하였다. 때문에 한마을생협이 남긴 흔적을 인터뷰를 통해 확보한 자료를 토대로 인천의 생협운동의 역사를 다시 들여다볼 필요가 있다.

한마을생협은 김성복 등 발기인 50여 명이 샘터교회에서 창립총회를 개최하고 약 6년여 동안 운영된 것으로 보인다. 1대 김성복 이사장(1990.6~1991.5), 2대 황보윤식 이사장(1991.5~1992.6), 3대 전현

---

22 한겨레생협의 창립일은 확인되지 않고 있지만 매일경제 1991년 10월 24일 '산지직결 "소비자운동"' 제목의 한마을생협과 한겨레생협이 소개된 기사를 참조함. 윤현수는 인터뷰에서 1991년인 것으로 추측함. 윤현수는 당시 한겨레생협 설립을 준비하고 있던 담당자가 자문을 얻기 위해 방문하였다고 기억함.

23 황보윤식 제공. 건지골생협 창립총회, 1994.9.25.

수 이사장(1992.6~?)이 생협을 이끌었다. [24] 1대 이사장 김성복은 1989년 당시 생협 운동에 관심을 갖고 있던 평민당 북구 김용석 위원장으로부터 우리 농촌 살리기 운동 등 농산물 직거래를 통한 생협운동의 필요성을 제안받고, 안순분, 이명룡, 샘터교회 신도 등과 준비모임을 거쳐 1990년 6월 28일 창립총회를 개최하였다. [25]

창립 후 김성복 이사장은 생협의 조직 정비 및 경영 전반을 담당할 실무자로 전국 EYC에서 활동 중인 윤현수를 영입해 체계적인 운영과 실무팀을 구성하도록 하였다. 윤현수는 3대 전현수 이사장 재임 시기인 1993년 말까지 경리 업무를 담당한 안순분과 함께 생산지 발굴, 조합원 모집 및 교육, 두레 조직, 농산물 배송, 소식지 편집 등 실질적인 운영 전반을 담당하였다. 1990년 6월 창립 후 2차 총회(1991.5.12. 목원교회), 3차 총회(1992.6.19. 생협 사무실), 4차 총회(1993.6.23. 북구 공보관)를 거치며 이 사회를 확대 재편하고, 조합원 모집, 연구 및 소식지 발간 등 사업을 추진해 나갔다.

한마을생협은 친환경 농산물에 대한 도-농 직거래 사업을 처음 시작하였다는 의미도 있지만 몇 가지 측면에서 주목할 부문이 있다. 당시 인천의 시민사회 세력이 민중운동 세력과 노동운동 세력으로 분파되어 제도권 진입을 둘러싼 개혁 논의가 이루어지고 있는 상황에서 한마을생협은 이사회 구성원을 다양화하려 하였다는 점과 산업화의 산물인 직업병 및 공해 등의 문제를 생협운동과 연관시켜 민간단체로는 처음으로 연구소를 설립한 점으로 요약할 수 있다. 이를 보다 구체적으로 제시하면, 첫째, 다양한 사회 세력의 진입 통로 역

24 제2차 한마을생협 총회 자료집, 1991.5.12.; 제3차 한마을생협 총회 자료집, 1992.6.19.; 제4차 한마을생협 총회 자료집, 1993.6.23.
25 김성복 인터뷰, 2019.1.7.

할을 하였다는 점이다. 당시 생협운동과 설립의 필요성은 북구 평민당의 김용석 위원장의 제안으로 공감대를 형성하였지만 추진 과정은 기독교 신도 중심의 발기인 모집과 준비위 구성으로 출발하였다.[26] 이사회 구성원은 특정 이해관계를 벗어나 지역의 다양한 사회세력들이 결집하여 생협운동의 이해를 확장하는 등 진입 통로 역할을 하였다는 점에서 의의가 있다.

1991년 2차 총회는 김성복 초대 이사장 후임을 선정하기 위해 전형위원회를 구성하고, 새로운 이사장 선임을 결정하였다. 전형위원장은 이은규 부이사장이, 전형위원은 황보윤식, 안순분, 엄종희, 최명호, 윤현수 6명이 맡아 황보윤식을 제2대 이사장으로 결정한다. 부이사장은 엄종희, 최용규가 선출되었다. 이후 이사와 전문위원으로 최명호, 김종구, 이문승, 오영천, 윤석봉, 홍성훈을 영입하였으며, 이민우, 이서영, 신맹순, 성미경, 권양녀, 이성노, 김용구, 권병기, 송경평, 박영복, 최인순, 이청연, 최근식, 홍학기, 홍성훈, 정진관, 이양순, 이환범, 이희구, 정요일, 황재희, 성하연, 문순자 등 학계, 정계, 법조계, 의학계, 노동계, 기업, 상업, 주부에 이르기까지 다양한 계층의 사회 세력들이 이사회와 분과 위원으로 참여하거나 소식지 등 출판물 편집 위원으로 활동하였다.[27]

이사회 등 참여 명단에서 알 수 있듯이 지역 엘리트 출신의 명망가가 상당수에 이르지만 초기 생협운동에 대한 이해가 제한적이고, 척박한 현실에서 출발하였음을 고려할 때 정치적, 사회적으로 참여 스케일 역시 특정 계층으로 제한될 수밖에 없었을 것이다. 이는 경영 안정을 위한 출자금 증대, 생산지 발굴 및 도,농 교류 확대, 원시적인

26 김성복 인터뷰, 2019.1.7.
27 한마을생협 2차, 3차 정기총회 자료집 '환경과 평화' 창간호, 1992.7.

물류창고 및 유통구조의 개선과 규모의 경제 달성 등 안정적인 생협 운영을 위해 불가피한 선택이었다고 하겠다. 당시 평민당 북구 김용석 위원장의 생협 설립 제안을 특정 프레임으로 가두어 해석하거나 명망가 중심의 상층 운동으로 해석하거나 규정하기 어려운 것은 이 때문이다. 그럼에도 윤현수는 선한 사업의 목적을 실현하고 달성하기 위해서는 장기간 주민과의 공감과 소통을 통한 합의로 그 가능성을 높여야 한다고 강조하였다.[28]

둘째, '인천공해-직업병연구소'(초대 소장 유동우, 이하 연구소)를 두어 환경문제를 직업병과 연결시켜 생협운동의 영역을 넓히고자 하였다.

연구소는 민간단체로선 처음으로 유동우(『어느 돌맹이의 외침』 저자)를 초대 이사장으로 하여 1992년 2월 22일 설립되었다.[29] 생협 활동을 홍보하는 소식지 '살림'(창간호 '삶', 1990.12.26.)과 달리 '환경과 평화'(창간호 1992.7)는 직업병 문제를 첫 연구과제로 다루었다. 연구소 설립은 한마음생협 창립 배경의 하나인 국가의 UR 협상이 초래할 국내 농업 기반의 붕괴와 시장 잠식 우려, 산업화의 산물인 환경오염, 직업병 문제 등을 생협운동과 연계시키려는 큰 그림의 산물이었다.

창간호는 인천지역 환경 공해 문제에 대한 설문조사 통계 결과를 게재하였다. 수집된 통계를 발표하고, 분석내용을 다음 호에 게재할 예정이었다.[30] 그러나 '환경과 평화'는 창간호 발간을 끝으로 더 이

28 윤현수 인터뷰, 2018.11.8.

29 연구소는 산업화 과정에서 부차적인 문제로 취급되어온 중금속 피해 문제, 공해 문제와 관련해 연구 및 조사 활동을 하고, 지역 주민의 환경 의식을 제고하기 위한 교육, 쾌적한 노동환경 확보, 지방정부에 대한 정책 및 제도적 대안을 제시하는 것을 목적으로 '환경과 평화'를 발간하였다.

30 1992년 6월 8일에서 15일까지 1주일간 235명을 상대로 설문조사(228명 응답, 6명 무응답)를 하였다. 비영리사단법인으로서 한마음생협의 설문조사는 당시 인천시민의 인식조사를 통해 환경문제를 이슈화하는 계기를 마련하였다.

상 발간되지 못했다.[31] 소식지 '살림'은 1990년 12월 창간호 발간 후 격월 또는 부정기적으로 통합하여 6회 발간되고 1994년 중단된 것으로 보인다.[32]

이 외 여타 생협과 마찬가지로 한마을생협은 친환경 농산물 직거래 운동 실천을 위해 공급 품목 확대, 공동 주문과 공동 구매, 생산지 개발과 생산 현장 견학, 일본 생협 방문, 생산자 조합 추진을 위해 주문자치회(두레) 결성, 각종 문화사업 및 어린이와 주부 대상 프로그램 운영, 심포지엄 개최 등의 활동을 활발하게 전개하였다.

그리고 한마을생협은 지역 스케일의 국지화된 친환경 농산물 직거래 운동에서 우리밀살리기운동, 우리농살리기운동, '쌀과 기초농산물 수입 개방 반대 인천시민대책위', 국가의 UR 협상 반대운동에 참여하며 1994년까지 지역 사회단체와 연대활동을 전개해 나갔다.[33]

2) 인천 생협의 분화와 재편

한마을생협을 시작으로 인천 생협운동의 분화와 재편구조를 살펴보고자 한다. 한마을생협은 유통구조 개선, 생산지 다각화, 원시적인 물류 및 운영구조 개선, 조합원 증대 등에도 불구하고 적자 누적과

31 윤현수 인터뷰, 2018.11.8.

32 윤현수, 박상문 인터뷰, 2018. 11. 8. 소식지는 1992년 5월호까지만 확인되지만 한마을생협 상무이사로 소식지 편집을 맡은 윤현수는 1993년 말까지 활동하고, 이후 서울로 자리를 옮기면서 소식지 발간은 중단된 것으로 기억한다. 두 발간물 인쇄를 맡은 '명문' 출판사 대표 박상문은 당시 컬러 인쇄 결정이 쉽지 않은 일이지만 향후 연구소 활동이 갖는 의미를 중요하게 인식하여 참여하였다.

33 황보윤식 제공. 1994년 2월 구성된 시민대책위에는 한마을생협, 부평생협, 푸른생협, 한겨레생협이 참여하였다. 이 외에 북구 부평동을 주소지로 한 '현장생협'은 제대로 알려진 바 없어 추가 연구도 필요하다.

이사회 이사 탈퇴 등 위기를 맞는 가운데 새로운 생협 설립 움직임이 시작되었으며, 인천의 생협 지형이 재편되는 과정을 거치게 된다.

1990년 한마을생협은 창립 당시 조합원 50여 명에서 1992년 3월 누적 수 297명, 1993년 3월 누적 수 387명, 1990년 출자금 397만 원에서 1993년 3월에는 3천 900여만으로 10배 증가하는 등 빠르게 성장하였다.[34] 총매출액도 창립 후 1991년 3월까지 1기(1990.6~1991.3) 1천 85만여 원에서 2기(1991.4~1992.3)에는 7천 313만여 원으로 1년 반 만에 약 7배, 3기(1992.4~1993.3)에는 1억 1천546만여 원으로 전년 대비 약 60%가 늘어날 정도로 성장하였다. 매출 이익도 2기 680만여 원에서 3기에는 1천 470만여 원으로 2배 이상 늘어났다.

그러나 매출액이 늘어나는 만큼 총매출액 대비 지급해야 할 상품 원가가 90%를 넘어 급여, 사무실 운영, 배송 및 물류비용 증가와 외상도 늘 어나 손실액은 커져만 갔다. 2기 이사 추가 영입으로 이사장에 황보윤식, 부이사장에 전현수가 선출되어 사무실 확장, 생산지 확대, 물류 및 운영 구조 개선, 조합원 대상 다양한 프로그램 공급 등 생협 운영을 다각화하여 매출액의 급성장을 불러왔지만 늘어나는 영업손실을 감당하기엔 한계가 있었다.

이후 3기 전현수가 이사장(명예이사장 황보윤식)으로 선출되면서 사무실을 축소, 이전하는 등 자구책을 찾았지만 적자 경영을 피하지는 못했다. 1991~1992년 영업손실 1천 9백만여 원에 총손실액 2천1백만여 원, 1992~1993년 총손실액은 1천2백만여 원으로 감소하는 등 이사회가 해당 손실액을 감당하기엔 어려움이 클 수밖에 없었다.[35] 이와 같이 운영 규모의 확대에 따른 적자 경영 문제는 내부 구성원

34 한마을생협 3차, 4차 정기총회 자료집.

의 균열을 예고하였고, 1992년 6월 3기 총회 후 탈퇴하는 이사가 발생하기 시작했다.

한편 1984년 설립된 '인천지역사회운동연합(이하 인사연)'의 1991년 해산은 생협운동의 지형에 영향을 미쳤다. 해산된 인사연 활동가들 중 일부가 1992년 3월 '시민의 광장'을 설립한 후 엄종희, 권병기, 김성기, 김혜숙 등을 중심으로 생협 설립을 논의, 준비기간을 거쳐 엄종희를 발기인 대표로 1993년 4월 3일 푸른생협을 설립하였다.[36] 한마을생협 이사로 참여하고 있던 엄종희, 권병기 등이 '시민의 광장'을 설립하여 부설기구로 푸른생협 설립을 준비하고 있었던 것이 계기가 된 것이다.

이처럼 엄종희, 권병기 등이 한마을생협을 탈퇴하고 푸른생협 설립에 참여한 배경에는 두 가지 요인이 영향을 미쳤을 것이다. 첫째는 1992년 초 한마을생협 이사회의 재정 운영에 대한 특별감사 요청 및 감사 결과에 대한 책임 문제를 둘러싼 갈등과 관련이 있는 것으로 판단된다. 해당 사건의 발단은 이사회가 적자 재정 운영의 책임으로 상무이사 해임을 요구하였고 황보윤식 당시 이사장이 이를 거부하자 이사회 일부 이사가 탄핵을 제안하면서 푸른생협 설립 논의가 점화된 것이다.[37] 1992년 2월 19일 4차 운영위는 황보윤식 당시 이사장의 사임서 제출을 부결하였고,[38] 이를 계기로 한마을생협 이사회의 일부 이사가 탈퇴하여 푸른생협 설립 준비로 이어진 것으로 분석된다.

여기서 한마을생협 적자 재정의 초기원인은 초기 생협운동이 직면한 구조적인 문제에 기인하는 것으로 볼 수 있다. 실제 한마을생협

---

35 한마을생협 3차, 4차 정기총회 자료집.
36 푸른생『푸른생협 15년 푸른 꿈을 여는 이야기』, 2008, 16~19쪽.
37 황보윤식, 2018.11.3.; 윤현수 인터뷰, 2018.11.8.
38 한마을생협 3차 정기총회 자료집, 1992.6.19.

이후 설립된 여타 생협의 경우도 적자 재정을 피하기 어려운 운영구조를 경험하였고, 위기를 극복하기 위해 전략적으로 개별 생협 간의 통합 및 연대 등을 실행하였다.

둘째는 푸른생협과 한마을생협 구성원의 정체성 차이에서 기인되었다고 판단된다. 푸른생협은 지역 명망가와 소수 운동가 중심의 사회운동단체가 아닌, 보통의 시민들이 주체적으로 참여한 '시민의 광장'이 모태인 인사연의 전통을 일부분 이어받아 '주민참여형 시민사회운동'과 '주부 중심의 생협운동의 확산'을 시대적 흐름으로 탄생하였다.[39]

이러한 중심 구성원의 차이는 푸른생협과 한마을생협 운영을 주도한 사회세력 간 당시 정치-사회에 대한 현실 인식 차이를 필연적으로 내포하고 있었다고 추측할 수 있다. 그럼에도 푸른생협의 특성을 인사연의 전통에서 찾을 수 있는지의 여부는 단정할 수 없다. 당시 생협운동을 인천의 정체성을 고정화하기보다 네트워크를 통해 영역을 확장하기 위한 실천 전략으로 이해할 필요가 있다. 1996년 11월 발간된 '인천지역사회운동연합 역대 회원 주소록'에는 당시 노동운동계, 재야민중운동계, 학생운동계, 빈민 운동계, 정치인 등 인천의 명망가들이 총망라되어 있다. 한마을생협 역시 인사연 회원 및 인사연이 주최한 시민대학 참여자들이 상당수 참여하고 있었다. 또한 제도권 진입에 실패하거나 진입의 발판으로 삼고자 한 사회 세력들을 배제하지 않고 참여할 수 있도록 개방하였다. 초기 설립 상황을 고려할 때 다양한 사회세력들의 참여는 오히려 자연스러운 행위로 해석할 수 있다. 물론 한마을생협이 정치적 목적을 갖고 출발한 것은 아니지만 생협 출신이 정치권에 진입하여 국가와 지역경제를 이끌

39 푸른생활협동조합, 2008, 19쪽; 심형진 인터뷰, 2018.10.18.

고, 생협운동 확산의 토대를 제공할 수 있다면 충분히 수용할 수 있는 문제로 인식한 것이다.[40]

한편 1991년 인사연 해산 후 설립된 '시민의 광장'이 산하에 푸른생협 설립 논의가 이루어지고 있던 1992년 부평지역 민중당 내 노동자들도 생협운동을 주목하였다. 특히 한마을생협에 참여한 송경평이 노동자 중심의 생협 설립 구상에 영향을 미쳤다. 부평지역에서 노동운동 세력을 조직화한 민중당이 1992년 4월 '푸른부평을 위한 시민모임'(이하 부평시민모임)을 구성하고, 그해 50여 명을 발기인으로 창립총회를 개최하여 부평생협 (1992.10.25)을 설립하였다. [41] 당시 부평생협 설립에 참여한 사람은 정연실, 신성식, 박종렬, 정화영, 송경평, 이규생, 조현숙, 박양희, 신복수, 이희례 등이었으며, 조합원 교육, 사무실 운영, 그리고 물품 배송에 이르기까지 여성이 실질적인 운영을 맡았다. [42] 그 배경에는 설립을 주도한 '부평시민 모임'이 처음부터 여성 중심으로 구성된 것과 관련이 있다. 이에 대해 박선숙은 정당활동(민중당) 및 노동운동(당시 대우자동차 해고노동자)을 통해 관계가 형성된 활동가들이 정치 운동의 대안으로 여성이 활동 중심에 설 수 있었다고 설명한다.[43] 그러나 부평생협은 심각한 재정적자로 위기를 맞게 되면서 경영안정을 위해 1993년 '생농회'[44]를 흡수 통합하고, 이후 부천생협 등 지역 생협과 연합하여 조직규모를 확대하면서 안정

---

40 황보윤식 인터뷰, 2018.11.3.

41 (재)아이쿱협동조합연구소 엮음, 스무살 아이쿱 협동하는 사람들의 가치와 실현, 2018; 정은미, 「1980년대 이후 생협운동의 다양한 흐름과 갈래」, 『iCOOP 협동조합연구소 5주년 기념 심포지엄, 한국생협운동의 기원과 전개, 아이쿱협동조합연구소, 2011.

42 정연실 인터뷰, 2019.10.28.

43 박선숙, 『새로운 생협운동』, 2002, 글샘사, 47~48쪽.

44 생농회는 감신대 출신들이 주도하여 만든 모임으로 강화에서 친환경쌀을 재배하고 있던 김정택 목사의 도움으로 1990년 쌀 직거래를 시작으로 활동하였다.(신성식, 차형석, 『당신의 쇼핑이 세상을 바꾼다』, 2013).

화하고자 하였다.

한마을생협, 부평생협 외에도 단기간 활동하다 이후 푸른생협과 통합된 21세기생협도 있다. 21세기생협은 황선진, 최인순 등이 1993년 말 푸른생협 보다 몇 개월 뒤 연수동에 설립하였지만 경영난으로 1994년 푸른생협과 통합되었다.[45] 1991년 설립된 한겨레생협도 해산을 계기로 조합원들이 1998년 푸른생협 조합원으로 흡수되었다.[46]

여기서 주목할 수 있는 것은 한마을생협에 참여했던 사람들이 적자 재정 문제를 둘러싸고 갈등이 발생한 1992년 초 한마을생협을 탈퇴하고, 각각의 이해관계에 따라 새로운 생협 설립을 구상하였다는 점이다. 이후 이들 생협 역시 적자 재정 위기를 맞지만 개별 생협 간 통합 및 연대 등으로 한마을생협이 극복하지 못한 한계를 넘어서려는 전략을 통해 재정 안정을 꽤하고자 하였다.

한편 한마을생협 이사장에서 명예이사장으로 물러난 황보윤식은 1993년 9월 18일 '우리밀살리기운동인천시협회' 창립총회를 개최하고, 가좌동성당(조성교 신부) 평협사회운동분과 사업으로 1994년 9월 25일 '건지골생협'을 설립하는 등 가톨릭 중심의 생협운동을 다시 시작한다. 황보윤식을 발기인 대표로 출발한 건지골생협은 조합원 492세대, 출자금 613만 원을 모금하여 도-농직거래, 우리농살리기운동, 우리밀살리기운동 등을 주도하고,[47] 1995년 11월 조홍식 신부, 양재덕과 생산자협동조합 설립에 참여하는 등 인천의 다양한 사회세력

45 푸른생활협동조합, 2008, 38쪽.

46 푸른생활협동조합, 2008, 72쪽 〈한겨레생협 이사로 활동했던 김현숙(강화 '국자와 주걱' 책방 대표)은 자료 폐기 및 분실로 정확히 어떤 과정을 거쳐 언제 해산되었는지 기억하지 못했다〉.

47 건지골생협의 활동기록은 1994년 설립 이후 보관된 자료가 없어 구체적인 내용은 찾을 수 없다.

들의 연대, 연합을 이끌어낸다.[48]

이상 1980년대 말 인천의 사회세력들이 생협운동에 주목하며 형성, 분화하는 과정을 분석한 결과 〈표1〉에 나타난 바와 같이 1990년대 동시 다발적으로 설립된 인천의 생협운동은 한마을생협을 시발점으로 여타 생협의 설립, 통합, 해산의 형태로 분화되어 나타났고, 동시에 생협운동의 정체성을 확장하기 위한 네트워크를 형성하여 우리밀살리기운동, 우리농살리기운동을 전개하며 재편되었음을 확인하였다. 1990년대 말에 이르러 인천의 생협운동은 두 개의 축, 즉 푸른생협과 부평생협(두레생협) 양 구도로 전개된다.

〈표1〉 인천지역 생협 형성 및 분화 과정

구분	설립	발전	이탈	통합 및 연대 (해산)
한마을 생협	•1989년 평민당 김용석 위원장의 제안으로 김성복, 안순분 등 설립 준비 모임 구성 •1990. 06. 28. 창립- 설립동의자 50명 샘터교회에	•1990. 12. 26. 소식지 '살림' 창간호 발간, 격월 통합 발간 •1991. 05. 08. 2차 총회, 황보윤식 이사장 (2대) 선출 •1991. 11. 일본 생협 연수 •1992. 02. 22. 민간단체로서 처음 인천공해-직업병연구소	•1992년 경영합리화 방안 문제로 이사회 특별감사 일부 이사들이 이사장 (황보윤시) 탄핵 제기. 1992. 02. 19. 이사회에서 황보윤식 사임서 부결 1992.11. 출자금 반환문제 원칙	•1993. 01. 4차 정기이사회에서 소협중앙회 가입승인 •1993. 02. 02. 소협중앙회 대의원총회에서 소협중앙회를 생협중앙회로 변경 한마을생협, 준비위 참여 •1994. 02. UR 재협상 촉구 및

48 황보윤식 소장 자료, '제1회 생산자협동조합 발기인대회', 1995.11.

	서 창립총회 개최 -김성복 초대 이사장 선출	설립(초대 소장 유동우), 1992. 07. 『환경과평화』창간호 발간 •1992. 06. 19. 3차 총회 전현수 부이사장의 이사장 선임	결의 및 임원 사임서 처리 •1993. 09. 18. 우리밀살리기운동 인천시협의회 창립(준비 위원장 황보윤식)	'쌀과 기초 농산물 수입 개발 반대 인천시민대책위 참여 •1997년(?) 해산
한겨레 생협	•1991. 10 (?) 주안5동 성당 신도, 노동자 등이 창립 •이사장 김영현, 부이사장 송호열 외 호인수 등 참여			•1998. 08. 해산을 계기로 조합원이 푸른생협에 흡수
푸른 생협	•1991년 인천지역사회운동연합 해체 1992. 09. 18. '시민의 광장'설립 결의 엄종희, 권병기,	•1993. 09. 일본생협방문 •1993. 09. 우리밀살리기운동 참여 •1994. 04. 2차 총회 시민의 광장 부설기관에서 독자조직으로		•1994. 06. (현) 연수점사무실 이전 21세기 생협을 흡수, 통합하는 과정에서 해당 사무실 사용 •1993. 09. 18. 우리밀살리기운동참여

	김혜숙 등 40여 명 생협 설립 준비 •1993. 04. 03. 창립 '시민광장' 부설기구로 부평4동 성당에서 푸른생협 창립	운영결의 •1994. 06. 「푸른마을사람들」발간 •1999. 12. 소비자생활협동조합법에 의한 법인창립총회 개최		•1994. 02. UR 재협상 촉구 및 '쌀과 기초농산물수입개발반대인천시민대책위' 참여
부평 생협	•1992. 04 노동운동 세력을 조직화한 민주당이 '푸른부평을 위한 시민모임' (이하 부평시민모임)구성 •1992. 10. 25. 창립 -정연실 등 부평시민모임 50여 명 발기인 참여 •박종렬, 송경평, 박양희,	•2000년 법인설립 송경평 등 민중당 중심의 생협조직으로 운영 1999년까지 적자 경영으로 어려움 발생했으나 2000년 이후 조합원의 꾸준한 증가로 법인 설립		•1993년 '생농회'를 흡수, 통합하여 조합원 확대 •1994년 부천생협과 물류연합

	신복수 등 참여			
21세기 생협	•1993. ? 창립 황선진, 최인순, 최근식 등이 연수동에서 창립	•가톨릭 농민 회의를 통한 유기농산물 취급 점포를 연수동에 개점하고, 협동조합 방식으로 운영		•1994년 푸른생협과 통합 푸른생협과 이사진까지 통합운영 최인순이 1998년 구의원 당선 전까지 21세기 생협 상근자로 활동함
건지골 생협	•1994. 09. 25. 가좌동 성당(조성교 신부) 평협사회 운동 분과 사업으로 발기인 대표 황보윤식을 중심으로 창립			

5. 결론

이상 1980년대 말 사회운동 세력의 분화 과정에서 형성된 1990년대 인천의 생협운동 초기 형성과 분화 과정을 정치적, 사회경제적 영역에서 분석하여 살펴보았다. 분석 결과 1980년대 정치적, 사회적으로 다양한 사회세력들로 분화된 '차이의 운동들'이 생협 초기 형성과 생협운동 재편에 영향을 미쳤음을 확인하였다. 분석 내용을 정리하면 다음과 같다.

첫째, 사회세력 간 이해와 요구가 반영된 '차이의 운동들'이 초기 동시 다발적으로 생협 설립을 추동하는 요인으로 작용하였다. '차이의 운동들'은 인천의 성장 역사를 고려할 때 산업화 과정의 부작용과 제도권 진출 실패의 대안이라는 두 가지 요인이 상호 복합적으로 작용하며 생협 설립에 반영되었다. 한마을생협과 부평생협은 평민당과 민중당이 전략적으로 접근한 대안 운동의 산물이라는 것에는 공통점이 있지만 설립 구성원과 참여 세력은 다양한 계급적 이해를 반영한다는 점에서 차이가 있다. 부평생협이 노동자계급을 기반으로 설립되었다면 한마을생협은 특정 계급, 집단의 이해를 반영하기보다 다양한 사회세력들의 진입 통로 역할을 하였다는 특성을 갖는다. 푸른생협은 소수 운동가 중심이 아닌 '인사연'의 뿌리를 강조하며 여타 생협과 차별화하고 있지만 주민참여, 주부 중심의 생협운동 프레임을 분명히 하는 특성을 보였다.

둘째, 생협의 설립이 '차이의 운동들'에 있음에도 지역 차원의 친환경 농산물 직거래라는 운영 전략을 뛰어넘기 위한 행위를 공유하고자 하였다. 즉 지역 차원의 조합원 대상 친환경농산물의 도-농직거래 운동을 '우리 농산물 지키기'라는 전국 차원의 이슈와 연계해 생협 간 네트워크를 형성하고자 하였다. 전국 단위 '우리밀살리기운동', '우리농살리기운동', 'UR 협상 반대 국회의원 서명 운동' 등을 지역 스케일의 네트워크로 '차이의 운동들'을 뛰어넘어 해당 이슈를 정치화하고, 연대 공간을 확장하고자 하였다는 점에서 생협운동이 지역에 고정화되는 것을 극복하고자 하였다.

셋째, 생협운동의 분화가 설립, 해산, 통합, 연대 등의 형태로 나타난 것은 생협의 불안정한 재정운영과 규모의 문제에서 비롯되었음을 확인하였다. 한마을생협, 한겨레생협, 부평생협, 푸른생협, 21세기생협은 모두 설립 후 적자 경영으로 어려움을 겪었다.[49] 하지만 적자 재정 위기를 극복하는 방식은 차이가 있었다. 한마을생협은 특별감사, 상무이사 해임 요구, 이사장 탄핵 제기 등의 과정을 거치며 일부 임원 탈퇴 등 이후 조직 약화로 이어지며 존폐 위기를 겪다 사라졌다.[50] 부평생협은 '생농회'(농촌을 살리는 모임), 부천생협과의 통합 및 조직적 연대, 수도권 지역의 생협연대, 생산자와 소비자의 공동물류 구축 등 적극적으로 생협 간 협력방안을 마련하는 방식으로 조직을 확장해 나갔다.[51] 푸른생협 역시 1994년 21세기 생협과 통합 후 새롭게 이사진을 구성하고, 이사진들이 결손액을 공동 부담하는 등 조정과 협의를 통해 적자 재정을 극복하였으며, 1998년 8월 해산된 한겨레생협 조합원을 흡수함으로써 조직을 확대하였다. 그 결과 인천의 생협은 초기 다양한 분파들이 자신들의 이념과 가치를 기반으로 갈등-조정-경합 등의 행위를 반영하며 해산, 통합, 연대 등을 통해 성장 및 발전하였다. 그 결과 인천의 생협은 푸른두레와 부평생협 양 구도로 재편되었다.

넷째, 초기 생협운동의 참여 세력들이 주안과 부평 등 공단 주변에 생협을 설립한 것은 인천의 성장 역사와 정체성을 반영한다. 참여

49 1994년 설립된 건지골생협의 경영 상태를 파악할 수 있는 자료는 현재 확인할 수 없지만 당시 생협운동의 현실을 고려할 때 적자 재정을 피하기는 어려웠을 것으로 예상된다.

50 한마을생협은 1994년 우리밀살리기운동인천시협회 창립, UR 협상 국회비준반대운동 시민 대책위 등에 참여하였으나 이후 해산된 것으로 보인다.

51 (재)아이쿱협동조합연구소 엮음, 2018; 염찬희, 2008.

세력들은 공업화 단계의 핵심 지구인 부평공단, 주안공단, 기계공단, 남동공단 공단과 주변의 배후지를 주요 소비지로 접근함으로써 생협 운동 확산의 가능성을 크게 인식한 것으로 해석할 수 있다.

이상 본 연구의 결과로 나타난 인천의 초기 생협 형성과 분화는 정치적, 사회적으로 '차이의 운동들'을 반영한 다양한 사회세력들이 상호 복잡하게 얽혀 자신들의 이해와 요구를 반영하기 위해 갈등, 조정, 배제, 경합 등의 행위로 나타났음을 확인하였다.

참고문헌

(재)아이쿱협동조합연구소 엮음. 스무살 아이쿱 협동하는 사람들의 가치와 실현』, 2018.

강일선. 전형수. 「동독 사회주의 소비협동조합의 발생과 성장」. 『한국협동조합연구』제21권 제1호, 2003.

권오범. 「한국생활협동조합운동의 성과, 이념, 전망」. 「사회과학연구』. 제30집, 2012.

김기섭. 깨어나라 협동조합. 들녘, 2013.

김도균. 이정림. 「지역생활협동조합의 동원과 성장: 대전의 한밭생협 사례를 중심으로」. 「ECO』 제21권 2호, 2017.

김아영 외. 「협동조합의 거버넌스 실천: 전주아이쿱생협 사례 연구」. 『한국 협동조합연구』제34집 제3, 2016.

김영곤. 인천지역 협동조합 생존의 흐름과 현안. 「인천학연구』(20), 2014. 김홍주. 「생협 생산자의 존재형태와 대안 농산물체계의 모색: 두레생협 생산자회를 중심으로」. 『농촌사회』. 16(1), 2006.

레이들로. 『21세기 협동조합 레이들로 보고서』. 염찬희 옮김. 알마, 2015.

박선숙. 『새로운 생협운동』. 글샘사, 2002.

백은미. 「생협운동 경험을 통한 여성들의 살림가치에 대한 의미 고찰」. 『여성학연구』 22(2), 2012.

서성진. 2010, 「원주지역 생협운동의 프레임 변화연구」, 고려대 석사논문 송두범 외. 「협동조합의 정체성 및 지역사회기여 강화 방안」. 충남발전 연구원, 2013.

송정로. 『인천시민사회운동 20년사』. 명문미디어아트팩, 2007.

윤병선. 「대안농업운동의 전개과정에 대한 고찰; 유기농업운동과 생협운동, 지역먹거리 운동을 중심으로」. 「농촌사회」 20(1), 2010.

이도형, 함요상. 「제3부문의 가치 발견과 활성화 전략: 생화협동조합을 중심으로」. 『정부학연구』. 제16권 제1호, 2010.

이은정, 장승권. 「협동조합의 조직학습: 아이쿱생협 사례를 중심으로」 『인적자원개발연구』 제16권 제2호, 2013.

장원석, 이지은. 「생협의 성과와 과제」. 『한국협동조합연구』 제27집 제1호, 2009.
전형수, 강연우. 「독일 Co-op Dortmund-Kassel의 실패 사례에서 본 생협의 한계와 대안」. 『산업혁신연구』 제28권 4호, 2012.
전홍규. 「생활협동조합과 소비자운동」. 『도시와빈곤』. 한국도시연구소 30호, 1998.
정은미. 「한국 생활협동조합의 특성」. 『농촌경제』 제29권 제3호, 2006.
______. 「1980년대 이후 생협운동의 다양한 흐름과 갈래」. 『iCOOP 협동조합 연구소 5주년 기념 심포지엄, 한국생협운동의 기원과 전개. 아이쿱 협동조합연구소, 2011.
조희연. 「거대한 운동으로의 소렴에서 차이의 운동들로 분화: 한국민주와 과정에서의 사회운동의 변화에 관한 연구」, 조희연, 김동춘, 김정훈 편. 『거대한 운동에서 차이의 운동들로: 한국 민주화와 분화하는 사회운동들』. 한울. 2010.
하승우. 「협동조합과 지역운동」. 제1회 충남협동조합연구포럼, 2013.2.13.
허남혁. 「생협생산자 조직의 생산-소비관계의 변화: 홍성 풀무생협 사례연구」. 『농촌사회』 19(1), 2009.
D. 하비. 『반란의 도시』. 한상연 옮김. 에이도스, 2014.

인천생협활동 자료집

건지골생협 창립총회 자료집. 1994.9.25.
'쌀과 기초농산물 수입개방반대 인천시민대책위원회' 구성 단체 목록. 1994.2.19.
우리농촌살리기운동 인천교구본부 준비위원회 9월 정기회의록. 1996.9.12.
우리밀살리기운동인천시협회 창립총회 자료집. 1993.9.18.
우리밀살리기운동인천시협회 제1회정기총회. 1994.10.8. 제1회 생산자협동조합 발기인대회, 1995.11.
제2차 한마을생협 총회 자료집. 1991.5.12.
제3차 한마을생협 총회 자료집. 1992.6.19.
제4차 한마을생협 총회 자료집. 1993.6.23.
인천공해-직업병연구소,환경과 평화창간호. 한마을생협, 1992.7.
푸른생활협동조합. 『푸른생협 15년 푸른 꿈을 여는 이야기』, 2008.
한마을생협 소식지. 「살림」 창간호, 1990.12.26.; 1991. 특집호; 1991. 1-2; 1991.3-5;

1991.7-8; 1992.5.

인터뷰

부평생협. 정연실 인터뷰, 2019.10.28.

푸른생협. 심형진, 2018.10.18.

한겨레생협. 김현숙, 2019.2.10.

한마을생협. 김성복 인터뷰, 2019.1.7.

한마을생협. 윤현수, 박상문 인터뷰, 2018.11.8.; 12.8.

한마을생협. 황보윤식 인터뷰. 2018.11.3.; 서면인터뷰 2019. 1.9.

국문 초록

본 연구는 1987년 6월 항쟁 후 다양한 분파의 사회세력들이 형성되며 대안 운동으로 주목한 생협운동의 초기 형성과 분화 과정을 분석하였다. 생협은 역사적으로 국가 및 지역 차원에서 일관된 하나의 형태 또는 통일된 의사결정의 형태로 존재하지 않는다. 특히 생협운동이 전개되는 과정에서 지역 스케일의 생협은 정치적-사회적으로 사회세력의 이해와 요구가 복잡하게 얽혀 갈등-조정-배제-경합 등 다양한 행위를 반영하며 설립-해산-통합-연대 등의 형태로 성장, 발전한다. 이 같은 관점에서 볼 때 기존의 연구는 생협 조직 형태 또는 참여자의 행위를 이미 존재하는 것으로 이해하여 행위자를 분석 대상에서 제외하거나 소홀히 하는 측면이 있다. 따라서 본 연구는 생협을 이미 존재하는 것으로 인식하는 것이 아니라 다양한 사회세력들의 행위가 반영된 산물임을 전제로 1990년대 초 동시다발적으로 설립된 생협을 사례로 분석한다.

분석 결과는 다음과 같다. 첫째, 초기 생협 설립은 1980년대 사회세력 간 이해와 요구가 복잡하게 얽혀 나타난 '차이의 운동들'을 반영한다. 인천의 성장 역사를 고려할 때 '차이의 운동들'은 산업화 과정의 부작용과 제도권 진출 실패의 대안이라는 두 가지 요인이 상호복합적으로 작용한 결과로 생협 설립을 추동하였다.

둘째, 초기 생협운동은 다양한 분파들이 자신들의 이념과 가치를 기반으로 갈등-조정-경합 등의 행위를 반영하며 해산-통합-연대 등을 전략적으로 선택하여 생협의 경영을 안정화하고, 조직을 확대하는 방향으로 전개되었다.

셋째, 생협의 설립이 '차이의 운동들'로 분화되어 나타났음에도 지역 차원의 친환경 농산물 직거래라는 운영 전략을 뛰어넘어 전국 차원의 정치적 연대-연합 등 형태로 공통의 이슈를 형성하고자 하였다. 즉 생협운동이 지역 스케일에서 형성된 네트워크로 '차이의 운동들'을 뛰어넘어 우리밀살리기운동, 우리농살리기운동, UR 협상 반대 등 해당 이슈를 정치화하고, 연대 공간을 확장하여 지역에 고정화되는 것을 극복하고자 하였다.

넷째, 초기 생협운동이 주안과 부평 등 공단이 입지해 있는 지역에서 전개된 것은 공업도시로 성장한 인천의 역사와 정체성과 관련이 있다. 이 같은 특성은 당시 생협 구성원들이 공업화 단계의 핵심 지구인 공업단지와 배후지를 주요 소비지로 접근함으로써 생협운동의 확산 가능성을 인식하였음을 보여준다.

A Study of the Early Formation and Differentiation Process of the Consumer Co-operative in Incheon

Park In-OK & Lee Young-Ae

This study is to analyze the consumer co-operative movement which is identified as an alternative way through various social forces formed after the June Democracy Movement in 1987. First, this study found that social forces divided into various positions are the driving force of the early consumer co-operative movement and the reasons of the conflict between social change forces. Second, those conflicts cause as acts of deviation, unity and solidarity, and dissolution from each unit of co-operatives. Thus, the differentiation of the co-operative movement has been forthcoming to be influenced by the complicated movements of the differences, rather than the understanding and demands of specific forces independently. In other words, the consumer cooperative movement is the result of various drastic change throughout the differentiation process. In order to analyze this study, take the case of several consumer co-operatives established simultaneously in the early 1990s.

민중 목회의 길

2023년 4월 14일 처음 펴냄

편저자 김성복
펴낸이 김영호
펴낸곳 도서출판 동연
등 록 제1-1383호(1992. 6. 12)
주 소 (03962) 서울시 마포구 월드컵로 163-3
전 화 (02)335-2630
이메일 yh4321@gmail.com
인스타그램 www.instagram.com/dongyeon_press

ISBN 978-89-6447-885-1 03040